CONSELHO NÃO SE DÁ

DR. MARK EPSTEIN

CONSELHO NÃO SE DÁ

UM GUIA PARA SUPERAR A SI MESMO

ALTA BOOKS
EDITORA
Rio de Janeiro, 2019

Conselho Não Se Dá: um guia para superar a si mesmo
Copyright © 2019 da Starlin Alta Editora e Consultoria Eireli. ISBN: 978-85-508-0458-3

Translated from original Advice Not Given. Copyright © 2018 by Mark Epstein. ISBN 9780399564321. This translation is published and sold by permission of Penguin Random House LLC, the owner of all rights to publish and sell the same. PORTUGUESE language edition published by Starlin Alta Editora e Consultoria Eireli, Copyright © 2019 by Starlin Alta Editora e Consultoria Eireli.

Todos os direitos estão reservados e protegidos por Lei. Nenhuma parte deste livro, sem autorização prévia por escrito da editora, poderá ser reproduzida ou transmitida. A violação dos Direitos Autorais é crime estabelecido na Lei nº 9.610/98 e com punição de acordo com o artigo 184 do Código Penal.

A editora não se responsabiliza pelo conteúdo da obra, formulada exclusivamente pelo(s) autor(es).

Marcas Registradas: Todos os termos mencionados e reconhecidos como Marca Registrada e/ou Comercial são de responsabilidade de seus proprietários. A editora informa não estar associada a nenhum produto e/ou fornecedor apresentado no livro.

Impresso no Brasil — 1ª Edição, 2019 — Edição revisada conforme o Acordo Ortográfico da Língua Portuguesa de 2009.

Publique seu livro com a Alta Books. Para mais informações envie um e-mail para autoria@altabooks.com.br

Obra disponível para venda corporativa e/ou personalizada. Para mais informações, fale com projetos@altabooks.com.br

Produção Editorial Editora Alta Books	**Gerência Editorial** Anderson Vieira	**Marketing Editorial** marketing@altabooks.com.br	**Vendas Atacado e Varejo** Daniele Fonseca Viviane Paiva comercial@altabooks.com.br	**Ouvidoria** ouvidoria@altabooks.com.br
Produtor Editorial Thiê Alves	**Assistente Editorial** Ian Verçosa	**Editor de Aquisição** José Rugeri j.rugeri@altabooks.com.br		
Equipe Editorial	Adriano Barros Bianca Teodoro Illysabelle Trajano	Juliana de Oliveira Kelry Oliveira Paulo Gomes	Rodrigo Bitencourt Thales Silva Thauan Gomes	Victor Huguet Viviane Rodrigues
Tradução Carlos Bacci	**Copidesque** Alessandro Thomé	**Revisão Gramatical** Hellen Suzuki Rochelle Lassarot	**Diagramação** Lucia Quaresma	**Capa** Bianca Teodoro

Erratas e arquivos de apoio: No site da editora relatamos, com a devida correção, qualquer erro encontrado em nossos livros, bem como disponibilizamos arquivos de apoio se aplicáveis à obra em questão.

Acesse o site www.altabooks.com.br e procure pelo título do livro desejado para ter acesso às erratas, aos arquivos de apoio e/ou a outros conteúdos aplicáveis à obra.

Suporte Técnico: A obra é comercializada na forma em que está, sem direito a suporte técnico ou orientação pessoal/exclusiva ao leitor.

A editora não se responsabiliza pela manutenção, atualização e idioma dos sites referidos pelos autores nesta obra.

Dados Internacionais de Catalogação na Publicação (CIP) de acordo com ISBD

E64c   Epstein, Mark
            Conselho não se dá: um guia para superar a si mesmo / Mark Epstein ; traduzido por Carlos Bacci. - Rio de Janeiro : Alta Books, 2019.
            224 p. ; il. ; 17cm x 24cm.

            Tradução de: Advice not given
            Inclui índice.
            ISBN: 978-85-508-0458-3

            1. Autoajuda. 2. Conselho. 3. Superação. I. Bacci, Carlos. II. Título.

2019-53   CDD 158.1
                                                             CDU 159.947

Elaborado por Vagner Rodolfo da Silva - CRB-8/9410

Rua Viúva Cláudio, 291 — Bairro Industrial do Jacaré
CEP: 20.970-031 — Rio de Janeiro (RJ)
Tels.: (21) 3278-8069 / 3278-8419
www.altabooks.com.br — altabooks@altabooks.com.br
www.facebook.com/altabooks — www.instagram.com/altabooks

Para Arlene

Louvor e culpa, ganho e perda, prazer e tristeza vêm e vão como o vento. Para ser feliz, descanse como uma árvore gigante em meio a todos eles.

BUDA

Nota do Autor

Com exceção daqueles apresentados pelo primeiro e último nomes, mudei nomes e detalhes de identificação no intuito de proteger a privacidade.

Um parágrafo do Capítulo 1 e uma parte do Capítulo 3 apareceram pela primeira vez no *The New York Times*, edição de 3 de agosto de 2013, sob o título "The Trauma of Being Alive" ("O Trauma de Estar Vivo", em tradução livre). Parte do Capítulo 6 foi a público pela primeira vez na edição de verão de 2009 de *Tricycle: The Buddhist Review* sob o título "Beyond Blame" ("Além da Culpa", em tradução livre).

SUMÁRIO

INTRODUÇÃO		1
1.	VISÃO CORRETA	19
2.	MOTIVAÇÃO CORRETA	41
3.	FALA CORRETA	65
4.	AÇÃO CORRETA	85
5.	MODO DE VIDA CORRETO	105
6.	ESFORÇO CORRETO	125
7.	ATENÇÃO MENTAL CORRETA	151
8.	CONCENTRAÇÃO CORRETA	171
9.	EPÍLOGO	191
Agradecimentos		195
Notas		197
Índice		203

CONSELHO NÃO SE DÁ

INTRODUÇÃO

Ego é a única aflição que todos temos em comum. Por causa de nossos compreensíveis esforços para sermos maiores, melhores, mais inteligentes, mais fortes, mais ricos ou mais atraentes, somos assombrados por uma incômoda sensação de fadiga e insegurança. Essa busca pelo autoaprimoramento nos conduz a uma direção insustentável, uma vez que nunca podemos ter certeza de que obtivemos o bastante. Queremos que nossa vida seja melhor, mas tal abordagem nos deixa impotentes. O desapontamento é a consequência inevitável da ambição sem fim, e a amargura é um refrão comum quando as coisas não dão certo. Os sonhos são uma boa janela para isso. Eles nos arremessam em situações nas quais nos sentimos presos, expostos, envergonhados ou humilhados, sentimentos dos quais fazemos o melhor possível para manter distância durante nossas horas de vigília. No entanto, nossos sonhos perturbadores estão tentando nos dizer algo. O ego não é uma presença inocente. Ainda que afirme que no centro de sua atenção estão nossos próprios interesses, essa busca incessante por atenção e poder solapa os próprios objetivos que se propõe alcançar. O ego precisa de nossa ajuda. Se desejamos uma existência mais satisfatória, temos que ensiná-lo a afrouxar suas garras.

Não são poucas as coisas na vida que independem seja lá do que possamos fazer — as circunstâncias de nossa infância, eventos naturais no mundo exterior, o caos e os malefícios das doenças, acidentes, perdas e abusos —, mas há uma coisa que podemos mudar. Depende de nós o modo como interagimos com nosso próprio ego. Em nossa vida, recebemos bem pouca ajuda quanto a isso. Ninguém realmente nos ensina como estarmos com nós mesmos de maneira construtiva. Nossa cultura é pródiga em incentivos para desenvolver um forte senso de identidade. Amor-próprio, autoestima, autoconfiança e habilidade para satisfazer as próprias necessidades de forma agressiva são, todas, aspirações que a maioria das pessoas assina embaixo. Por mais importantes que essas conquistas possam ser, elas não são suficientes para garantir o bem-estar. Pessoas com acentuado senso de identidade ainda sofrem. Elas podem parecer que reúnem em si tudo isso, mas não conseguem relaxar sem beber ou se drogar. Não há como se soltar, dar afeto, improvisar, criar ou simpatizar com os outros quando se está firme e plenamente centrado apenas em si mesmo. O processo de robustecer o ego simplesmente condena uma pessoa à inação. Os eventos mais importantes em nossa vida, do nascimento até se apaixonar e, por fim, morrer, exigem que o ego se solte.

Soltar-se não é algo que o ego saiba fazer. Tivesse ele uma mente própria, não veria isso como sua missão. Não há razão alguma,

INTRODUÇÃO

porém, para o ego inculto influenciar tão decisivamente nossa vida, nenhuma razão para uma agenda permanentemente egoísta ser nossa linha de ação. O próprio ego, cujos medos e apegos nos impulsionam, também é capaz de um desenvolvimento profundo e de longo alcance. Como indivíduos conscientes e capazes de uma autorreflexão, estamos habilitados a questionar o ego. Em vez de se concentrar apenas em ter êxito no mundo externo, podemos nos direcionar ao interno. Há muita autoestima a ser obtida aprendendo como e quando se render.

Embora nossa cultura geralmente seja avessa à ideia de desinflar conscientemente o ego, há defensores silenciosos dela em nosso meio. Tanto a psicologia budista quanto a psicoterapia ocidental mantêm a esperança de um ego mais flexível, que não coloque o indivíduo contra todos os outros em uma tentativa fútil de obter certezas absolutas. Essas duas tradições se desenvolveram em tempos e lugares completamente diferentes e, até há relativamente pouco tempo, nada tinham a ver uma com a outra. Contudo, os iniciadores de cada tradição — Sidarta Gautama, o príncipe do sul da Ásia que renunciou a seu estilo de vida luxuoso para buscar uma escapatória das indignidades da velhice, doença e morte; e Sigmund Freud, o médico vienense cuja interpretação de seus próprios sonhos abriu- -lhe um caminho rumo à iluminação das subcorrentes escuras da psique humana — identificaram no ego, como comandante, o fator limitador de nosso bem-estar. Por mais diferentes que fossem esses dois indivíduos, chegaram a uma conclusão virtualmente idêntica. Quando deixamos o ego dominar, sofremos. Mas quando aprendemos a deixá-lo ir, somos livres.

Nem o budismo nem a psicoterapia propõem a erradicação do ego. Algo assim nos tornaria impotentes ou psicóticos. Precisamos de nosso ego para navegar pelo mundo, controlar nossos instintos, exercer nossa funcionalidade como indivíduos e mediar as demandas conflitantes entre nós e os outros. As práticas terapêuticas do budismo e da psicoterapia são comumente usadas para construir o ego exatamente dessa maneira. Quando alguém está deprimido ou tem baixa autoestima porque sofreu maus tratos, por exemplo, a terapia deve se concentrar em reparar um ego maltratado. Da mesma forma, muitas pessoas adotaram as práticas de meditação do Oriente para ajudarem a construir sua autoconfiança. O foco e a concentração diminuem o estresse e a ansiedade, auxiliando as pessoas a se adaptarem a ambientes desafiadores em casa e no trabalho. A meditação encontrou espaço em hospitais, em Wall Street, nas forças armadas e nas arenas esportivas, e boa parte de seus benefícios está na força que confere ao ego, dando às pessoas mais controle sobre sua mente e seu corpo. Os aspectos de aprimoramento do ego de ambas as abordagens não devem ser minimizados. Mas isso, por si só, não pode nos levar muito longe.

Tanto a psicoterapia ocidental quanto o budismo procuram fortalecer o "eu" observador sobre o "mim" sem freios. O intuito é reequilibrar o ego, diminuindo o egocentrismo através do encorajamento da autorreflexão. Eles fazem isso de maneiras e com visões diferentes, embora relacionadas. Para Freud, a associação livre e a análise dos sonhos foram os métodos primários. Por ter seus pacientes deitados de lado e olhando para o espaço enquanto diziam o que quer que lhes viesse à mente, ele alterou o equilíbrio usual do ego em direção à subjetividade. Ainda que hoje em dia poucas pessoas se estirem no sofá, esse tipo de autorreflexão continua sendo um dos aspectos mais terapêuticos da psicoterapia. As pessoas aprendem a dar espaço a si mesmas, abrindo-se de um modo mais aceitável a experiências emocionais desconfortáveis. Elas aprendem a dar sentido a seus conflitos internos e a suas motivações inconscientes, de modo a relaxar a tensão provocada pelo perfeccionismo do ego.

No budismo, o posicionamento é similar. Não obstante sua premissa central de que o sofrimento é um aspecto inextricável da vida, o budismo é, na verdade, uma religião otimista. Suas meditações visam ensinar as pessoas a observar sua própria mente sem necessariamente acreditar em tudo o que pensam. A atenção plena, a capacidade de acompanhar o que está acontecendo de um momento para outro, ajuda a pessoa a não ser vitimada pelos impulsos mais egoístas. Na meditação, as pessoas são treinadas para não afastarem o desagradável nem se agarrarem ao agradável, abrindo espaço para o que quer que surja. Reações impulsivas, na forma de gostar e não gostar, recebem o mesmo tipo de atenção que tudo o mais, de maneira a fazer com que as pessoas aprendam a permanecer mais consistentemente em sua consciência de observação, tal como se faz nos métodos terapêuticos clássicos. Essa consciência observadora é uma parte impessoal do ego, não condicionada pelas necessidades e expectativas usuais. A atenção plena afasta a pessoa do viés insistente do ego imaturo de preocupar-se consigo mesmo e, no processo, aumenta o equilíbrio diante da mudança que ocorre sem cessar. Isso acaba sendo extremamente útil para lidar com as muitas indignidades que a vida nos lança.

Embora as duas abordagens sejam muito semelhantes, as principais áreas de preocupação revelaram-se diferentes. Freud interessou-se pelos instintos e paixões que se elevam à superfície quando o ego é colocado sob observação. Ele se via como um conjurador do inconsciente, um iluminador das correntes obscuras do comportamento humano. Quando não incitadas a tal, as pessoas se revelam, muitas vezes para sua própria surpresa, e o que elas descobrem, ainda que nem sempre seja agradável, lhes permite uma apreciação mais profunda e mais rica de si mesmas. Depois da chuva que cai à noite, as flores desabrocham na terra escura. Freud se deliciava em ridicularizar a crença de que somos mestres em nossas próprias casas, comparando suas descobertas às de Copérnico, que insistia que o Sol não gira em torno da Terra, e Darwin, que afirmava que o homem "carrega em sua estrutura corpórea o selo indelével de sua origem modesta". Para Freud, o ego só poderia evoluir se abrisse mão de suas ambições dominadoras. O ego que ele propugnava era humilde, amplo em escopo, mas ciente de suas próprias limitações, não impulsionado tanto pela veemência dos instintos, mas capaz de usar suas energias criativamente e para o benefício de outrem.

Em que pese depositar uma confiança similar na auto-observação, o budismo tem um foco distinto. Procura fazer com que as pessoas sintam o gosto da consciência pura. Suas práticas de meditação, tal como as da terapia, são construídas na linha divisória entre sujeito e objeto. Mas em vez de descobrir que os instintos revelados são os mais iluminadores, o budismo encontra inspiração no fenômeno da própria consciência. A atenção plena funciona como um espelho para toda a atividade mental e corporal. Essa imagem do espelho é central no pensamento budista. Um espelho reflete as coisas sem distorção. Nossa consciência é como esse espelho. Ela reflete as coisas exatamente como são. Na vida da maioria das pessoas, isso é um dado adquirido; nenhuma atenção especial é dada a essa ocorrência misteriosa. Mas na atenção plena, essa consciência conhecedora é seu objeto mais atraente. Os sinos dobram. Eu os ouço e, além disso, sei que "eu" estou ouvindo e, quando atento, posso até saber que sei que estou ouvindo. Porém, quando em meditação profunda, tudo isso colapsa, e sobra tão somente o conhecimento refletido. Não "eu", não "mim", apenas consciência subjetiva pura.

INTRODUÇÃO

O sino, o som, é isso! Eis algo muito difícil de falar a respeito, mas quando acontece, a liberdade em relação à identidade usual assume uma sensação de alívio. O contraste com o estado habitual de um indivíduo "ego-dirigido" é esmagador, e grande parte da tradição budista ajuda a consolidar a perspectiva dessa "Grande e Perfeita Sabedoria do Espelho" com a personalidade do dia a dia.

Essa perspectiva é, no entanto, notoriamente difícil de integrar — a consolidação com a personalidade é difícil de alcançar. Diz-se que até mesmo Buda teve problemas com isso. A lendária história de sua vida é esclarecedora a esse respeito. Nascido príncipe, ele cresceu em uma família que fez tudo que podia para evitar que ele enfrentasse a velhice, doença e morte. Ele se casou e teve um filho, e teve seus primeiros vislumbres de uma pessoa idosa, doente e morta aos 29 anos quando caminhava nos campos além das paredes do palácio. Essas imagens o deixaram tão nervoso que ele deixou sua amorosa família para ir a uma busca espiritual nas selvas do sub-continente indiano. Após anos de autoexame, meditação e práticas ascéticas, livrou-se de suas preocupações egoístas e deu-se conta de como estava contribuindo para seu próprio sofrimento. Depois disso, o despertar veio rapidamente.

Antes de sua iluminação, Buda enfrentou um temível e astu-cioso deus chamado Mara, que representava seu ego. Mara tentou demovê-lo de seu caminho, apelando para os desejos latentes de sexo e poder. Com lisonjas e promessas de que Buda poderia ser um grande governante caso abandonasse sua missão, enviou suas filhas para seduzi-lo e seus exércitos para envolvê-lo. Buda jamais cedeu, avançando apesar das alentadas tentativas de dissuasão de Mara. Entretanto, mesmo após a iluminação de Buda, Mara continuou a ser uma força a ser enfrentada, sussurrando-lhe incessantemente sobre toda a fama e fortuna que ele merecia e sobre a inutilidade de seu sacrifício pessoal. Buda teve que lidar com seu próprio ego, mesmo depois de sua iluminação. Esse é um aspecto do pensamento budista condizente com a psicoterapia. Relaxar a pressão do ego torna possível a experiência da consciência pura, mas a experiência da consciência pura deixa claro que ainda há trabalho a ser feito no ego. Depois do êxtase, diz-se, sobra a roupa suja.

Uma famosa fábula budista descreve isso muito claramente. Um monge chinês avançado em anos, desesperado por nunca haver alcançado a iluminação, pede permissão para ir a uma caverna isolada fazer uma última tentativa. Levando suas vestes, sua tigela de esmola e alguns pertences, ruma a pé em direção às montanhas. No caminho encontra um andarilho já idoso vindo em sentido contrário; o homem está carregando um pacote enorme. Algo nele sugere sabedoria ao monge perturbado, que lhe pergunta: "Diga, meu velho, você sabe alguma coisa sobre essa iluminação que procuro?" O outro deixa cair seu pacote no chão. Vendo isso, o monge é instantaneamente iluminado. "Você quer dizer que é simples assim?", pergunta ele. "Apenas solte e não agarre nada!" Mas em seguida tem um momento de dúvida. "Então, e agora?", pergunta. E o velho, sorrindo em silêncio, pega o pacote e continua a caminhar em direção à cidade.

A mensagem é clara. O despertar não faz o ego desaparecer; isso muda o relacionamento de alguém com ele. O equilíbrio de poder muda, mas ainda há trabalho a fazer. Em vez de ser movido por preocupações egoístas, achamos necessário assumir responsabilidade pessoal por elas. No budismo, esse envolvimento com o ego é descrito como o caminho para a iluminação e para fora dela. É tradicionalmente explicado como um Caminho Óctuplo: Visão Correta, Motivação Correta, Fala Correta, Ação Correta, Modo de Vida

Correto, Esforço Correto, Atenção Mental Correta e Concentração Correta. Para contrapor-se à influência persistente e insidiosa que o ego exerce sobre nós — chamada de "autoapego" no pensamento budista —, é preciso estar disposto a trabalhar em todos os oito níveis: antes de despertar e depois.

O Caminho Óctuplo foi um dos princípios organizacionais originais de Buda, presente já no primeiro ensinamento que ele deu e ao qual se referiu muitas vezes depois disso. O budismo se transformou e se desenvolveu nos 2.600 anos desde que Buda o ensinou na antiga Índia. Espalhou-se pela Índia e alcançou a China, o sudeste da Ásia, a Indonésia, o Tibete, a Coreia e o Japão, mudando de forma e evoluindo em muitas escolas de pensamento diferentes enquanto avançava no tempo e no espaço. O Caminho Óctuplo, no entanto, permaneceu uma constante. Esforço Correto, Concentração e Atenção Mental referem-se principalmente à meditação. Já Visão Correta e Motivação Correta falam sobre o papel da percepção em combater as demandas insistentes do ego, enquanto Fala Correta, Ação e Modo de Vida descrevem a importância da restrição ética ao frustrar os impulsos egoístas do ego.

Os oito ramos do Caminho Óctuplo compõem os capítulos deste livro. Embora tão antigos quanto o próprio budismo, tornam-se algo mais quando filtrados pela sensibilidade da psicoterapia ocidental. Além de um roteiro para o crescimento espiritual e psicológico, eles também são uma maneira de lidar com o problema intratável e corrosivo do ego. Ainda que nenhuma abordagem terapêutica única tenha o monopólio da verdade, em um mundo cada vez mais dominado pela veneração ocidental à ambição individual, os perigos de um ego sem freios precisam ser reconhecidos. Essa não é a abordagem que nossa cultura geralmente escolhe, mas é algo que todos nós podemos usar. Para que nossa psicologia alcance um patamar mais elevado, devemos olhar para o quanto somos influenciados por nosso ego.

Tal conselho não se aplica apenas ao Ocidente. Embora a psicoterapia nunca tenha sido uma tradição forte no Oriente, isso não significa que as pessoas nas culturas orientais não estejam sujeitas aos mesmos conflitos e apologias que os ocidentais. Há certamente muitas pessoas nas culturas budistas que usaram a meditação como forma de evasão de si mesmas, que nunca realmente confrontaram a tenacidade do controle imposto pelo ego. Recentemente me contaram sobre uma dessas pessoas, um eremita que, após meditar em uma caverna nas montanhas do Nepal, ouviu dizer que o Dalai Lama estaria em breve nas imediações daquele lugar remoto. O Dalai Lama, na tradição do budismo tibetano, é a figura espiritual mais conceituada da cultura. Ele é considerado uma expressão pura de sabedoria iluminada, e qualquer chance de estar em sua presença compassiva, e ainda mais de encontrar-se com ele, é virtualmente irresistível àqueles que o reverenciam. Esse eremita havia dominado muitas das meditações clássicas destinadas a aquietar a mente e acalmar a ansiedade. Os aldeões lhe levavam alimento para mantê-lo saudável, mas afora esses raros encontros, ele esteve sozinho por quatro anos, em estado de profunda meditação. De alguma forma, ele organizou um encontro pessoal com o Dalai Lama e deixou seu retiro autoimposto para o encontro, no qual pediu conselhos ao mestre sobre o que fazer a seguir.

O Dalai Lama, que em 1959 fugiu de seu país natal, o Tibet, quando os chineses o invadiram, passou grande parte de sua vida adulta dialogando com o Ocidente. Visitei seu lugar de exílio no sopé do Himalaia indiano em 1977, antes de começar a faculdade

INTRODUÇÃO

de Medicina, e retornei por mais seis semanas com uma bolsa de pesquisa antes de me formar em 1981. Tive a oportunidade de ouvi-lo ensinar em muitas ocasiões desde aquela ocasião. Quando ele fala sobre meditação, com frequência faz uma distinção entre práticas que aquietam a mente e aquelas que utilizam a inteligência para o desenvolvimento da mente. Muitas pessoas, tanto no Oriente como no Ocidente, acreditam que desligar o ego e a mente pensante é o objetivo final da meditação. O Dalai Lama sempre argumenta com muito vigor que isso é um grave mal-entendido. O ego é, ao mesmo tempo, nosso maior obstáculo e nossa maior esperança. Podemos estar à sua mercê ou podemos aprender a moldá-lo de acordo com certos princípios orientadores. A inteligência é um aliado fundamental nesse processo de modelagem, algo a ser aproveitado a serviço do progresso pessoal. O conselho do Dalai Lama ao eremita parecia brotar desse lugar.

"Tenha uma vida", lhe disse o Dalai Lama, admoestando-o.

Aquele monge, oriundo de uma pobre aldeia nepalesa, ficou abalado. O que ouvira ia contra todas as noções preconcebidas do que um monge deveria fazer. O Dalai Lama não estava negando o valor das meditações do eremita, mas, como o velho homem da fábula budista, não queria que seu aluno parasse ali. Era hora de pegar seu pacote e voltar para a cidade, em vez de descansar sobre os louros de suas realizações espirituais.

O eremita tinha uma irmã vitimada pelo tráfico sexual. O conselho do Dalai Lama o motivou a sair de sua caverna e começar a fornecer educação e cuidados de saúde para as mulheres da aldeia local. Um conhecido meu ajudou a financiar parte desse trabalho, e ele estava presente quando alguém lembrou o Dalai Lama dessa mudança crucial.

O Dalai Lama riu. "Oh, sim", ele disse com orgulho. "Eu disse a ele: 'Tenha uma vida'".

O conselho do Dalai Lama, apesar de enigmático o suficiente para se encaixar em seu papel de mestre budista, vem de um lugar de sabedoria milenar, tão relevante no Ocidente quanto no Oriente, tão útil hoje como era na época de Buda, tão verdadeiro para nós como foi para o monge nepalês.

Todos nós temos uma vida, mas nem sempre estamos conscientes de quanto ela é preciosa. E todos nós temos um ego, mas nem sempre assumimos responsabilidade suficiente por isso. Nossos sofrimentos, ou nossas tentativas condenadas de evitá-los, muitas vezes nos mantêm atolados no apego obsessivo, na ganância, na preocupação ou no desespero. Há aqueles, como o eremita no Nepal, que são atraídos por atividades espirituais porque buscam um meio de escapar da vida. Para gente assim, a iluminação é vista como uma saída. Todavia essa tentativa de saltar por cima do ego é contraproducente. Não há como contorná-lo. Se desejamos não perpetuar o sofrimento, temos que olhar para nós mesmos com muita atenção. Introduzir a meditação na vida é diferente de usar a meditação para fugir dela.

Este livro é um guia prático que recusa soluções rápidas. Ele está enraizado em duas tradições dedicadas a maximizar o potencial humano de viver uma vida melhor — tradições que apenas começaram a falar umas com as outras, ainda que no início das conversações se note claramente que o budismo e a psicoterapia ocidental têm muito em comum. Cada qual reconhece que a chave para superar o sofrimento é o reconhecimento consciente dos caminhos nefandos do ego. Sem essa conscientização, permanecemos sob o algoz da impulsividade e controlados por apologias não reconhecidas. Porém, quando somos capazes de ver a extensão de nossos próprios medos e desejos, há algo em nós, reconhecido tanto por Buda como por Freud, capaz de se libertar. Assumir a responsabilidade pelo que está acontecendo dentro de nós dá esperança.

Uma Advertência

Eu tive a experiência incomum — e diria afortunada — de descobrir o budismo antes de saber muito sobre qualquer outra coisa, certamente antes de estudar psicologia ocidental ou decidir ingressar na faculdade de Medicina na área de Psiquiatria. O budismo falou comigo pessoalmente desde o princípio. O primeiro verso de Buda que li (em uma aula de pesquisa da faculdade no primeiro ano) foi sobre o treinamento da mente ansiosa. Senti uma atração imediata por isso, como se as palavras fossem escritas apenas para mim. Logo me vi nas entranhas da biblioteca da universidade desenterrando antigos textos budistas em meio às pilhas de livros. Muitos desses livros não eram manuseados há anos, mas a meus olhos isso os fez parecer ainda mais especiais.

Havia um mapa da mente naqueles textos antigos que me despertou particular interesse. Esse mapa traça um caminho pelo qual a mente pode ser desenvolvida, no qual qualidades como gentileza, generosidade, humor e empatia podem surgir da vontade de questionar as próprias atrações e aversões instintivas. A paz interior de uma mente calma, a satisfação da expressão criativa, o consolo e a alegria de relacionamentos duradouros, a satisfação de ajudar e ensinar os outros e libertarem-se das próprias preocupações egoístas em prol do bem-estar de outras pessoas começaram a parecer objetivos realistas, metas que um engajamento com o budismo poderia tornar mais factíveis. Escrevi uma monografia sobre esse antigo mapa budista que continua a balizar meu trabalho até hoje. Conheci meus primeiros professores de meditação antes de meu 21º aniversário, e logo depois "testei" meu primeiro retiro silencioso de duas semanas. Embora eu tenha lutado com a meditação — algo que, de tão simples, é extremamente difícil —, ela me deu vida naquele primeiro curso de duas semanas, e voltei a esses retiros dezenas de vezes desde aquela ocasião. Cada retiro mostrou algo interessante sobre mim e reforçou meu entusiasmo inicial. Meditação é uma coisa real. Praticá-la realmente produz efeito!

Tal como muitas pessoas, fui atraído pelo budismo por causa da promessa de meditação. Eu queria uma maneira de acalmar meus pensamentos, de acessar a paz interior. E fui atraído pela possibilidade de levar minha mente a desenvolver todo seu potencial. Já devia ter sabido, mesmo como estudante universitário lendo versos budistas pela primeira vez, como era fácil fazer de meu próprio jeito.

Essa descoberta pessoal do budismo foi muito importante para mim. Ela me levou da meditação para uma maior exploração dos ensinamentos de Buda. Pude verificar que a meditação, apesar de importante, não era o suprassumo do caminho budista. O objetivo da meditação era levar suas lições para a vida cotidiana: poder viver o momento mais plenamente, deixar de enfraquecer a mim mesmo, ter menos medo de mim e dos outros, ficar menos à mercê da impulsividade e ser mais generoso durante um dia ocupado e exigente. Em meus anos de trabalho como psiquiatra, percebi que esses também podem ser objetivos da psicoterapia.

Até recentemente, evitei muita conversa direta sobre o budismo em minhas sessões de terapia. Tentei trazê-lo de forma menos explícita: na maneira como ouço, por exemplo; no modo como peço

INTRODUÇÃO

a meus pacientes que se aproximem de sua própria vergonha e medo; e em meus esforços para mostrar às pessoas como elas estão perpetuando seu próprio sofrimento. Não faço segredo de minhas inclinações budistas e fico feliz em falar delas quando perguntado, mas raramente ofereço a meditação como prescrição terapêutica direta. Observei como a atenção plena se consolidou no campo da saúde mental como uma modalidade terapêutica por si só, mas fiquei à margem, desconfiado do que sempre me pareceu ser uma expectativa exagerada das pessoas em relação a esse elemento singular do pensamento budista. Preferi trabalhar no modo analítico antiquado, artificialmente me cegando, como Freud gostava de dizer, para me concentrar no ponto escuro à minha frente. Afinal, há maneiras muito mais baratas de aprender sobre meditação do que pagar por uma hora do psiquiatra.

Mas e se eu estiver errado? Esse pensamento me ocorreu durante meu retiro silencioso de meditação de uma semana, alguns anos atrás. E se eu estiver privando as pessoas com as quais me preocupo daquilo que me ajudou tanto? Em meus esforços para evitar ser muito prescritivo, eu estaria mantendo meus pacientes no escuro? E se eu fosse mais explícito sobre o que aprendi com o darma, como os ensinamentos do Buda são chamados? O que eu diria? Como poderia conversar com meus pacientes, muitos dos quais não conheciam a sensibilidade budista? Os ensinamentos de Buda me foram de enorme valia. Eu poderia dar conselhos sobre o budismo sem alienar as pessoas que estava tentando ajudar?

Na maior parte do tempo, quando ofereço conselhos, eles são abertamente bem-vindos, mas secretamente rejeitados. As pessoas apreciam minha tentativa de ajudá-las, contudo têm muitas razões para não fazer o que estou sugerindo. Paradoxalmente, isso me li-

CONSELHO NÃO SE DÁ

bertou um pouco. Preocupo-me menos com isso agora porque sei que as pessoas não ouvirão caso não queiram. Mas, ainda assim, estou ciente de que parecer ser qualquer tipo de "especialista" é algo muito alienante. Um paciente meu, sóbrio há 20 anos, me contou algo recentemente que confirmou minha abordagem cautelosa. Ele ainda bebia e usava drogas quando começou a se consultar comigo, e na ocasião lhe sugeri apenas uma vez que frequentasse os Alcoólicos Anônimos. Foi muito significativo para ele que eu tenha dito apenas uma vez.

"Você me deixou fazê-lo sozinho", ele me disse, e isso tornou tudo mais importante para ele.

Como o ocorrido com esse meu paciente deixou implícito, com demasiada frequência o desejo de ajudar tem consequências indesejáveis. Se eu tivesse sido muito insistente em relação à sua sobriedade, ele poderia continuar bebendo apenas para me frustrar.

No entanto não sou sempre tão sábio. Outro dia me lembrei de um evento dos primeiros dias da minha prática, quando aconselhava, mas o fazia parecendo muito ser uma autoridade. Aprendi com essa experiência a ser bastante cuidadoso com conselhos bem-intencionados. Uma relação terapêutica pode ter um efeito bumerangue se não estiver bem estabelecida. Um jovem veio a mim depois de seu próprio retiro silencioso de meditação de duas semanas. Todavia, em vez de se tornar calma e pacífica no retiro, sua mente ficou ansiosa e dispersa. Ele era extremamente inteligente, mas seu pensamento mostrava leves traços do que os psiquiatras chamam de "desordem de pensamento", sinais de um processo incipiente que não é necessariamente visível para um leigo. Conheci esse jovem em uma única sessão, consultando-o porque seus pais confiavam em mim, como alguém conhecedor do budismo, para ajudar seu filho. Tão bem-intencionado quanto possível, fui abrupto em minha resposta a ele. Estávamos no final de meu dia, e eu, exausto, falava mais impulsivamente do que deveria ou faria normalmente.

"Você pode ter uma doença bipolar subjacente", lhe disse, "emergindo em função do ambiente do retiro. Seria bom tratar isso imediatamente, em vez de deixá-la impactar toda sua vida".

Lembro-me de retirar da estante livros sobre transtornos maníaco-depressivos e os mostrar a ele, explicando que, se alguém tivesse que ter uma doença psiquiátrica, aquela era a melhor para ter, porque havia tratamentos tão bons que ela não precisaria estragar sua vida.

"Muitas pessoas talentosas e criativas têm isso", disse a ele tranquilizadoramente.

As evidências que sustentavam meu modo de intervenção eram escassas — aquele homem era funcional o suficiente em sua vida regular e ficara perturbado apenas em decorrência do silêncio e da privação sensorial do retiro —, mas isso não me impediu. Meu conselho não caiu bem. Ele ficou ofendido e foi embora. No dia seguinte, sua mãe me ligou furiosa e me repreendeu duramente: "Como você pode fazer esse diagnóstico com base em uma visita?"

Ela estava certa. Pedi desculpas, mas não ouvi mais falar deles.

Após 20 anos, encontrei a mãe desse paciente em uma festa. Ela se aproximou e me lembrou — desnecessariamente — do que havia ocorrido anos antes.

"Você tem filhos agora, certo?", ela me perguntou. "Você sabe quão devastador pode ser ouvir que algo está errado com eles? Fiquei com raiva de você por um longo tempo."

Eu sabia exatamente do que ela estava falando. Pedi desculpas novamente e perguntei como estava seu filho.

"Bem", ela disse. "Contei-lhe que ia ver você hoje à noite. 'Ele poderia estar certo, mãe', ele me disse. Meu filho teve mais problemas nesses retiros desde aquela ocasião, mas está começando a aceitar isso agora."

Eu poderia ter ajudado aquele jovem se fosse menos especialista naquela época? Mesmo que estivesse certo (e me sentia secretamente contente por saber que não estava completamente equivocado), estar certo não é o ponto nessa profissão. O ponto é ser útil. Não quero que nenhum conselho que eu esteja oferecendo seja tão contraproducente como aquela sessão acabou sendo!

Este livro é minha tentativa de ser útil. Os conselhos nele apresentados podem ser acatados por qualquer pessoa — cada um a seu modo. Como Buda deixou claro em seu próprio conselho sobre o assunto, o Caminho Óctuplo está lá para ser cultivado. Assim como a obra de qualquer artista não é igual à de outro, o desenvolvimento de pessoa alguma se parecerá ou será o mesmo de qualquer outro indivíduo. Estamos todos vindo de lugares diferentes, e cada um de nós tem o próprio trabalho individual a ser feito, mas é seguro dizer que a disposição de se engajar nos princípios do Caminho Óctuplo resultará, no mínimo, em um sábio conselho em um mundo confuso. Por mais hesitante que eu tenha sido em oferecer a meditação como solução para os problemas de alguém, repensar o Caminho Óctuplo permitiu que uma perspectiva budista se fundisse com minha perspectiva de psicoterapeuta. A conclusão é a seguinte: o ego precisa de toda a ajuda que puder obter. Todos podemos nos beneficiar ao superar a nós mesmos.

Um

VISÃO CORRETA

Não muito depois do retiro de meditação em que questionei meu conselho não dado, diversos pacientes meus, cada um a seu tempo, perguntaram se eu os ensinaria a meditar. Fiquei um pouco surpreso com a sincronicidade de tudo isso. Ao menos três pessoas, em rápida sucessão, fizeram o pedido. Cada um queria dispor de uma fração de sua hora terapêutica na contemplação, todos querendo que eu os guiasse através dela. Fiquei feliz em obedecer, embora me questionando se eles estavam tentando evitar me dizer alguma coisa. Mas decidi aceitar os pedidos e fazer o melhor possível. Ao oferecer-lhes instrução de meditação, no entanto, descobri que era necessário falar claramente sobre a Visão Correta. Caso contrário, seria muito fácil para meus pacientes transformarem a meditação em mais uma coisa em que falhar.

CONSELHO NÃO SE DÁ

Meditar é algo enganosamente simples. Na verdade, não há nada a ser feito. Apenas nos sentamos imóveis e sabemos que estamos sentados. A mente vagueia, e quando a notamos vagando, usamos isso como um lembrete para continuar prestando atenção. A Visão Correta nos pede para lembrar o motivo pelo qual estamos tentando algo tão peculiar. A maior parte de nossa vida é gasta pensando no futuro ou ruminando o passado, mas esse deslocamento em relação ao presente contribui para um distanciamento contínuo e um sentimento resultante de desconforto. Quando estamos ocupados tentando administrar nossa vida, focar o passado e o futuro nos afasta de tudo o que realmente temos, que é o aqui e agora. Buda teve a percepção bastante paradoxal de que é difícil permanecer confortável no momento, porque temos medo da incerteza e da mudança. O presente não é estático, ele está constantemente em movimento, e nunca podemos estar absolutamente certos sobre o que o próximo instante trará. O passado e o futuro nos preocupam porque estamos tentando controlar as coisas, enquanto estar no presente exige abertura ao inesperado. Em nossa vida regular, nos concentramos na relativa segurança de nossos pensamentos rotineiros, mas quando meditamos, em vez de resistir à mudança, praticamos seguir o fluxo. Ao meditar nos rendemos à impermanência, seja lá para onde isso possa nos levar.

Se estamos praticando meditação de concentração, tentamos restringir a atenção a um único objeto, como a respiração. Quando a mente vagueia e percebemos que estamos vagando, trazemos a consciência de volta à respiração sem nos repreendermos. Caso estejamos praticando meditação da atenção plena, tentamos estar conscientes das coisas à medida que mudam. Quando estamos sentados, estamos cientes de que estamos sentados. O mesmo se dá quando estamos pensando. Podemos notar as sensações da respiração, as sensações do corpo e da mente ou a própria ação de pensar. A mente vai saltando para lá e para cá, e nós a seguimos. Ou tentamos seguir. Quando as coisas fogem do controle, quando estamos perdidos em pensamentos ou apanhados pela emoção e incapazes de estar conscientes, há sempre um instante em que percebemos que não estamos prestando atenção. Nesse momento, nos trazemos de volta a algo simples, como a respiração, e recomeçamos.

Com o tempo, a mente se acostuma a essa maneira de prestar atenção. Aprende a relaxar e se acomodar. Deixando-a por sua própria conta, ela permanece a par do que está acontecendo enquanto está mudando, e uma espécie de clareza surge. Tal como sintonizar um estação de rádio, você sabe quando o sinal está certo. A mente sintoniza sua própria frequência e começa a reverberar. Durante muito tempo há apenas agitação mental, mas de repente, sem aviso, tudo muda, e as coisas entram em foco. É algo parecido com aquela coleção de livros *Onde Está Wally?* que víamos com nossos filhos quando eram pequenos. Wally, com sua camisa listrada de vermelho e branco, chapéu de Dr. Seuss e óculos, está camuflado em uma multidão densamente ilustrada espalhada em duas grandes páginas. A princípio, é impossível encontrá-lo: simplesmente há muita coisa acontecendo. Mas gradualmente aprende-se a relaxar o olhar, e as figuras começam a surgir. De toda a cacofonia, de repente, lá está Wally!

Assim como olhar para um livro de figuras, a meditação pode ser focada ou relaxada. Ou até estar em ambas as condições simultaneamente. A mente pode estar tranquila, cantarolando, suave, clara e profunda, e também capaz de captar um movimento súbito: o bater das asas de um pássaro voando, o aflorar de um desejo interior, o sussurrar do vento ou as características específicas de um personagem como Wally. A mente é capaz de muita coisa. Quando a colocamos na marcha neutra, que é o caso da meditação, ela não se fecha; ao contrário, abre-se. Ela relaxa enquanto, de alguma forma, mantém sua subjetividade, capacidade crítica e independência. A meditação está treinando olhar para a mente. Às vezes, inexplicavelmente, isso se instala rapidamente e faz a meditação parecer fácil, mas em outras ocasiões a mente se recusa a cooperar e apresenta muitas razões pelas quais todo o esforço parece ridículo. Temos que confiar e desconfiar da mente, muitas vezes ao mesmo tempo. Isso requer prática.

Quanto a meus três pacientes, nenhum sentiu que estava fazendo certo. Uma queria saber por quanto tempo meditar, como se a duração fosse o mais importante. Ela tinha ouvido falar que 20 minutos duas vezes por dia era o mínimo para obter um bom resultado. Tinha certeza de que não conseguiria ficar quieta por mais de cinco minutos, então lhe disse que cinco minutos estava bom, e ajustamos o cronômetro em seu iPhone para que ela não precisasse consultar o relógio. Outra pessoa se sentiu frustrada porque seu pescoço continuava tenso após a meditação — ela queria a redução do estresse e os benefícios do relaxamento imediatamente. Ela sentiu a tensão mais agudamente ao meditar e se convenceu de que era uma má praticante de meditação. Apesar de eu haver dito que tal personagem não existia, não acho que ela tenha acreditado em mim. A terceira pessoa entrou, inicialmente, em um estado de quietude e tranquilidade, mas não conseguiu reproduzir essa condição nas sessões seguintes. Ela não via valor nos períodos que não traziam a experiência sublime que havia provado e começou a se depreciar. Por ter eu mesmo passado por isso, estava familiarizado com todas essas reações, e trabalhei o mais pacientemente que pude para contrariar as novas convicções de meus pacientes. Eu queria que a experiência de meditação apoiasse, não erodisse, a autoestima deles.

Ao refletir, à luz dessas experiências, sobre os pedidos de meus pacientes, comecei a entender o porquê de minha longa relutância em introduzir a meditação diretamente na terapia. As pessoas geralmente esperam que a meditação seja a resposta aos seus problemas. Olham para ela como uma espécie de projeto de reforma da casa, uma forma de consertar um elemento quebrado de si mesmos. Elas permitem que seus arrependimentos do passado e suas esperanças para o futuro condicionem sua abordagem do momento presente. Na terapia desenvolvemos maneiras de combater esses tipos de expectativas irrealistas. A terapia é um trabalho árduo cuja recompensa é tardia. Os terapeutas cuidam de não prometer demais e se tornam hábeis em mostrar às pessoas como suas esperanças por uma cura mágica podem obstruir a investigação de si mesmas. Muitas pessoas ficam frustradas com o ritmo lento da terapia e se vão. Contudo os que ficam são recompensados pelo que pode se tornar um relacionamento profundo e significativo. Na terapia as pessoas não têm que fingir ser o que não são, não precisam se desculpar por seu jeito de ser, mas podem ser honestas e reveladoras de uma maneira contínua. Isso pode ser um grande presente e está no centro do que acaba sendo terapêutico para muitas pessoas.

A Visão Correta era a maneira de Buda propor algo nesse estilo, era sua maneira de incentivar as pessoas a serem realistas sobre si mesmas e a natureza das coisas. A Visão Correta pede que nos concentremos na verdade incontestável da impermanência, em vez de tentar sustentar um eu danificado e inseguro. É contraproducente transformar a meditação em mais uma coisa pela qual lutar. Estabelecer uma meta demasiado concreta para si mesmo — ainda que seja um objetivo que valha a pena, como ser mais relaxado, menos estressado, mais pacífico, menos apegado, mais feliz, menos reativo — é subverter o propósito do processo meditativo.

Quando Buda ensinou a Visão Correta, estava tentando ajudar nos aspectos mais dolorosos da vida. O microcosmo ecoa o macrocosmo, ele disse. Quando observamos a natureza momento a momento de nossa experiência, a maneira como ela está constantemente mudando, também estamos vendo um reflexo da transitoriedade e da incerteza do todo maior. Neste mundo não há como escapar de velhice, doença e morte, nenhuma maneira de evitar a certeza da separação daqueles que amamos, e não há como se evadir da ação do tempo. A Visão Correta é uma espécie de inoculação contra essas inevitabilidades, uma forma de preparar a mente usando sua própria inteligência para que não precise se defender da maneira usual. Buda descobriu que um simples reconhecimento da realidade das coisas poderia ajudar a vida a se tornar mais suportável. Reconhecer a impermanência é uma injunção paradoxal, vai contra a maioria de nossos hábitos instintivos. É comum desviarmos o olhar. Não queremos ver a morte, resistimos à mudança e nos afastamos das correntes traumáticas da vida. Para nos proteger, usamos o que os terapeutas chamam de "dissociação": o ego afasta o que ameaça desfazê-lo. Banimos o que não podemos manipular e lutamos com determinação como se não fôssemos tão frágeis como realmente somos.

Mas Buda era como um psicólogo comportamental contemporâneo que ensina as pessoas a lidarem cuidadosamente com as coisas que mais temem. O que enfrentamos na meditação é uma versão, minimizada ou magnificada, daquilo que não queremos enfrentar na vida. Isso pode ficar claro com um breve experimento com meditação. Feche os olhos. Deixe sua atenção ir aonde ela escolher. Não

VISÃO CORRETA

faça nenhum esforço para direcioná-la. Muito provavelmente, em pouco tempo você estará imerso em pensamentos. Preste atenção em que consistem esses pensamentos, ainda que isso seja difícil. É raro termos pensamentos novos e importantes. Na maioria das vezes, estamos apenas repetindo para nós coisas que já conhecemos. O que faremos depois? O que comeremos mais tarde? Que tarefas temos pela frente? De quem estamos com raiva agora? Quem feriu nossos sentimentos ultimamente? Apenas repetimos esses pensamentos indefinidamente, com um mínimo de variação. Com muita frequência, o momento presente se esvai de nós sem que percebamos. Estamos divorciados disso, assim como estamos separados a maior parte do tempo de nosso próprio corpo. Nossa vida transcorre, principalmente, em um universo mental incorpóreo, interrompido periodicamente — hoje em dia — pela necessidade de checar nosso telefone para ver se temos alguma mensagem. Por mais que queiramos estar com os outros, somos especialistas em nos afastarmos um pouco de nós mesmos. Entretanto, se tentarmos nos contrapor a essas tendências habituais, a capacidade da mente de abandonar sua postura defensiva e dissociada pode ser uma verdadeira surpresa.

A meditação começa pedindo que descansemos nossa mente em nosso corpo, enquanto o descansamos em um sofá ou cadeira confortável e, em vez de ignorar, prestamos atenção deliberada às sensações mutáveis do organismo físico. Essas sensações podem ser sutis, mas ao vivenciá-las começamos a ver duas coisas importantes. A primeira é que a experiência interior muda sem parar. Quando estamos perdidos em pensamentos, somos poupados de constatar essa realidade, mas quando nos desalojamos de nossas preocupações mentais usuais, não podemos deixar de ver. A segunda é que fica claro quão facilmente somos expulsos do momento presente por nossos gostos e desgostos. Quando algo desconfortável acontece, nos afastamos. Quando algo prazeroso vem, tentamos aprimorá-lo. Não deixamos os momentos passarem facilmente: estamos subconscientemente em um interminável cabo de guerra, lutando com as coisas do jeito que elas são.

Para ter uma noção de como a meditação trabalha com isso, feche os olhos novamente. Apenas ouça os sons em seu entorno, sejam eles quais forem. O som é um bom objeto de meditação porque geralmente não tentamos controlá-lo tanto quanto fazemos com outras coisas. As pessoas muitas vezes têm mais dificuldade em se estabelecer no corpo do que em prestar atenção aos sons que surgem naturalmente. Só escute, tente deixar os sons que estão por aí passarem por você. Ouça em 360° os sons e os silêncios que os interrompem. Observe quando sua mente identifica o som como vindo de um carro, um bebê, um pássaro ou da televisão, à medida que o conceito do que está produzindo o som substitui a sensação física real das ondas sonoras que fazem seu tímpano vibrar. Observe quando você gosta de algo e quando não gosta e como isso muda a maneira como você ouve. Tendemos a nos afastar de uma experiência direta contínua de nossos sentidos em uma reação mental a ela, ou a uma representação dela. Essa é uma das coisas que a Visão Correta serve para iluminar. Em nosso dia a dia, esse atalho constitui uma grande ajuda. Se alguém buzina para nós, não ouvimos as ondas sonoras subindo e descendo de tom; nós reagimos e olhamos para ver qual é o problema. Por mais útil que essa reação involuntária possa ser, nós a usamos mais do que o necessário. É como se estivéssemos constantemente em guarda. A Visão Correta nos pede para explorar isso na relativa calma da meditação. Quando vemos o quanto isso nos impulsiona no microuniverso, percebemos como isso poderia estar nos condicionando no universo maior.

VISÃO CORRETA

Cada nova perda, desapontamento e dificuldade imprevista representa um novo desafio. Buda fez da Visão Correta o primeiro trecho do Caminho Óctuplo no intuito de nos lembrar de que a vontade de se envolver com tais desafios é a coisa mais importante de todas. O envelhecimento de nossos pais, a morte de nossos animais de estimação e as dores de nossos filhos ou outros entes queridos muitas vezes parecem ser mais do que podemos suportar. Hoje em dia, até mesmo ir de um lugar para outro pode parecer esmagador. As medidas de segurança em um aeroporto fazem as filas serem imensas, o avião fica na pista uma eternidade enquanto a temperatura lá dentro aumenta, ou então o voo é cancelado. E quando você finalmente chega ao destino, a bagagem é perdida. A vida cotidiana é preenchida com essas obstruções. As coisas quebram. As pessoas ferem nossos sentimentos. Carrapatos carregam a doença de Lyme. Amigos ficam doentes e até morrem.

"Eles estão atirando em nosso regimento agora", um amigo meu de 60 anos de idade disse outro dia enquanto contava as várias doenças de seus conhecidos mais próximos. "Nós somos aqueles soldados que vão tentar tomar a próxima colina."

Ele estava certo, mas os alicerces incertos da vida não são específicos de nenhuma geração. O primeiro dia de aula e o primeiro dia em uma casa de repouso para idosos são notavelmente semelhantes. Separação e perda são tocantes para todos.

O Caminho Óctuplo começa com a Visão Correta com a finalidade de resolver isso logo. Há um famoso ditado no budismo tibetano segundo o qual uma pessoa que tenta meditar sem uma ideia clara de seu propósito é como um cego vagando em campo aberto sem a menor noção de qual direção seguir. A Visão Correta afirma que o propósito fundamental da meditação budista não é criar um esconderijo confortável para si mesmo, mas familiarizar a mente, com base no momento a momento, com a impermanência. Quando o Dalai Lama disse ao eremita nepalês para obter uma vida após seus anos de contemplação solitária, ele estava invocando esse mesmo princípio. Entre no fluxo, estava dizendo; não finja que você está acima de tudo. Não obstante a meditação possa ser usada para temporariamente aquietar a mente, do ponto de vista do Caminho Óctuplo, isso é feito a serviço de uma observação mais aguda e mais pronunciada, não como um fim em si mesmo. Assim como é difícil assistir a um filme em uma sala barulhenta onde as pessoas conversam o tempo todo, é uma tarefa árdua prestar atenção ao fluxo de mudança da experiência quando estamos distraídos com o pensamento. Meditações de concentração, centrando a atenção em um único objeto, como a respiração, aquietam a mente. Mas a atenção plena enfatiza a impermanência. Quando a mente está estabelecida, a natureza efêmera subjacente das coisas pode ser mais claramente percebida. A resistência diminui, a tendência de fuga para o passado e o futuro é contida, e a sensação de que é possível responder conscientemente, em vez de reagir cegamente, aos eventos começa a vir à tona.

A atração que meus pacientes sentem pela meditação e as dificuldades subsequentes que têm com ela decorrem, em certa medida, da maneira pela qual nossa cultura a comercializou e, também, da psicologia humana. Promovida como um método de redução do estresse e para chegar ao relaxamento, para diminuir a pressão arterial, para opor-se à reação instintiva de fugir ou lutar e para aumentar a eficiência cognitiva, a meditação entrou na cultura ocidental como uma ferramenta prática para ajudar as pessoas a lidar eficazmente com as dificuldades. Cada vez mais está sendo oferecida não apenas como recurso complementar à psicoterapia, mas como um substituto para ela. Algo lamentável, em minha opinião. Como, infelizmente, também foi lamentável o excesso de entusiasmo com o Prozac. As pessoas desejam um passe de mágica. Querem algo rápido e fácil que funcione. Quando o Prozac se tornou disponível pela primeira vez, muitas pessoas que não precisavam dele o usaram na esperança de que ele as mudasse. Ajudou enormemente algumas pessoas e nada fez para um número enorme de outras pessoas. O efeito placebo, contudo, é bastante poderoso. Quando as pessoas investem na possibilidade de uma cura, elas se convencerão, ao menos por algum tempo, de que as coisas melhoraram.

Do ponto de vista de relações públicas, a meditação se beneficiou dessa tendência, mas tenho lá minhas dúvidas. Como experimentei em muitos retiros, coisas boas podem acontecer quando você medita. Sentimentos calmos podem surgir. E surgem. Uma mente concentrada é uma mente quieta, em que a pressão de ter que ser alguém perde força. Artistas, escritores, matemáticos, jogadores de xadrez, atores, músicos e atletas, para citar alguns, sabem disso muito bem. O eu se desvanece quando a mente está concentrada, e há um alívio genuíno, ainda que temporário, quando isso acontece. Na meditação, as sensações de fluxo vital que são comuns em atividades criativas podem ser acessadas, aproveitadas e estabilizadas, às vezes por longos períodos de tempo. Mas a maioria dos artistas, escritores, matemáticos, jogadores de xadrez, atores, músicos e atletas não são mais felizes nem mais unidos do que as demais pessoas. Se a dissolução temporária do eu fosse tudo o que é preciso, os problemas não seriam tão tenazes. Até assistir à televisão seria terapêutico.

CONSELHO NÃO SE DÁ

Minha esposa é uma escultora que entende a alegria que a imersão no processo criativo pode trazer. Ela passa longas e laboriosas horas em seu estúdio, mas geralmente sai de lá alegre e vivaz. Por seu intermédio, conheci e trabalhei com inúmeros artistas cujas experiências em seus estúdios, onde o senso de si mesmos está temporariamente suspenso sob o encanto das atividades criativas, são paralelas com o que pode ocorrer na meditação. Porém trabalhar com esses artistas reforçou minha convicção de que a familiaridade com o fluxo, por si só, não é normalmente suficiente para ajudar nos desafios mais profundos que a vida nos joga. Algo semelhante à Visão Correta de Buda também se faz necessário.

Arlene e eu tivemos uma demonstração muito significativa disso alguns anos depois de nos casarmos. Estávamos visitando Joseph Goldstein, um de meus primeiros mestres budistas, que ela ainda não conhecia muito bem. Naquele dia, Arlene recebeu um conselho dele que teve um enorme impacto sobre ela. Não era propriamente um conselho de meditação, mas parecia conter a essência da Visão Correta. Aquela interação permanece vívida em nossa memória, mas quando vimos Joseph recentemente e levantamos o assunto, ele parecia não ter lembrança alguma disso. De fato, parecia um pouco surpreso, até mesmo envergonhado, ao ouvir o que ele tinha dito.

"Isso foi muito ousado de minha parte", disse ele, com algum embaraço, depois que ela lhe contou a história.

Logo depois que nosso primeiro filho nasceu, em meados da década de 1980, a melhor amiga de Arlene na escola de arte foi diagnosticada com câncer. Era uma pessoa incrível: brilhante, ambiciosa e cheia de vida e energia. Ela e minha esposa dividiram um loft espaçoso no centro de Boston por vários anos depois de se formarem na Escola de Design de Rhode Island, e ela foi nossa madrinha de casamento. Quando nos mudamos para Nova York, ela permaneceu em Boston, e quando adoeceu, minha esposa viajou de um lado para o outro para vê-la o máximo que podia. Seus médicos inicialmente pensaram que ela tinha câncer de ovário, mas quando os tumores não responderam a nenhum tratamento padrão, investigaram mais e mudaram o diagnóstico para um câncer do tecido conjuntivo, chamado leiomiossarcoma, um câncer raro, misterioso, agressivo e, naquele caso, fatal.

Quando conversou com Joseph, Arlene estava terrivelmente aborrecida. As coisas tinham ido de mal a pior, muito mais do que poderia imaginar, e era difícil para ela lidar com as realidades polarizadas da vivacidade de nossa filha pequena e da doença de sua amiga. Nós não víamos Joseph com frequência, mas ela o conhecia um pouco e sabia o quanto eu confiava nele. Joseph e eu já éramos amigos há 12 anos. Eu o conheci quando ainda estava na faculdade e havia me interessado pelo budismo. Ele acabara de voltar de sete anos vivendo na Índia, e fui um de seus primeiros alunos no Ocidente. Viajei com ele pela Ásia para conhecer seus professores budistas e, sob seus auspícios, fiz uma série de retiros silenciosos. Tenho certeza de que esse vínculo tornou possível a conversa subsequente. Joseph era como uma família para mim, e isso deve ter deixado os dois à vontade um com o outro. Chorando, Arlene lhe explicou a situação.

"Não deixe que isso pareça ser maior do é", ele respondeu ao ouvir seu pungente relato. "A vida é assim. Como fogos de artifício." Disse isso gesticulando com uma mão como se imitasse a natureza fugaz das coisas. "Vibrante e intenso", continuou ele, "e depois desaparece".

CONSELHO NÃO SE DÁ

As palavras de Joseph calaram fundo em Arlene. O calor que havia nelas não pode ser impresso em uma página. Ele estava sendo realista. Não estava sendo indelicado, nem a tratando com indulgência, e ela gostou disso. Porém ele também estava lhe dando um conselho muito específico.

"Não deixe que isso pareça ser maior do que é."

Não estou certo de que ela tenha considerado isso como uma possibilidade.

Consigo entender por que Joseph pareceu surpreso ao se lembrar disso. Se eu não soubesse das circunstâncias da conversa tão intimamente, e não conhecesse as partes envolvidas tão bem, poderia pensar que Joseph parecia insensível, ou minha esposa, ingênua. Mas posso atestar o impacto que seu conselho teve sobre ela, bem como a não ingenuidade dela. A conversação ocorreu no momento certo e transcorreu com todo o cuidado, confronto e esclarecimento que os melhores psicoterapeutas buscam cultivar ao aconselhar seus pacientes. Joseph ajudou Arlene em um momento muito difícil de uma maneira que teve um efeito duradouro tanto em sua vida como em seu trabalho. Contudo não posso me imaginar dizendo tais palavras a um paciente ou a um amigo. Falar sobre um conselho não dado! No entanto, de alguma forma, Joseph deve ter sentido que Arlene poderia lidar com isso. Ela continua grata a ele até hoje.

Existem várias maneiras de entender o que Joseph estava tentando comunicar e por que foi tão útil. Por um lado, ele estava simplesmente sendo um professor budista e apontando a inevitabilidade das mudanças. Um dos princípios mais fundamentais do budismo, afinal, é que a impermanência é a característica distintiva e inescapável da vida deste mundo. Ao usar a metáfora dos fogos de artifício, Joseph estava, sem sombra de dúvida, evocando o sermão do fogo de Buda, um dos primeiros dele após sua iluminação, no qual declarava "Tudo está queimando", capturando a realidade da transitoriedade em uma imagem devastadora. Minha esposa entendeu a referência budista, mas ela foi tocada em mais de um nível conceitual. Sua mente estava ocupada com a admoestação de Joseph: a bola vinha em sua direção, e ela a agarrou firmemente.

"Quando ele falou isso", ela me disse mais tarde, "me dei conta de que estava completamente certo. Todos vamos morrer — não sejamos muito dramáticos quanto a isso. Eu tinha chegado à conclusão, pela primeira vez, de que morreria, o que não deveria ter sido surpresa, mas foi, e enorme, dentro de mim. Então, em honra à minha amiga, eu basicamente joguei fora tudo no estúdio e comecei de novo. Em vez de ser um desses nova-iorquinos dizendo 'Não tenho tempo suficiente', eu disse 'O tempo que eu tiver é exatamente o tempo de que preciso'".

Arlene não se ofendeu com o comentário de Joseph. Intuitivamente, ela entendeu aonde ele queria chegar. Ela estava extrapolando a dor, fazendo algo extra que ameaçava se tornar uma obstrução à expressão pura de sua dor. A narrativa estava tomando conta, como as narrativas costumam fazer, mas ela não precisava ser o veículo. Ela percebeu que havia algo mais importante para fazer diante da morte iminente de sua amiga do que apenas reagir ao horror que era isso. Após 25 anos, ao descrever para um curador do museu como o trabalho dela havia mudado, disse o seguinte, recordando-se daquele acontecimento:

"Aquilo me sacudiu e me acordou. 'Acostume-se a isso', ele estava dizendo. A morte faz parte da vida, uma realidade para mim e para todos os outros. Fiquei impressionada com a necessidade de prestar atenção, fazer tudo como se estivesse abraçando a vida e viver de todas as maneiras possíveis. Em minha vulnerabilidade e despreparo, vi que celebrar a vida significa incluir a tristeza plena com a enorme alegria de estar viva."

A amiga dela faleceu em 1990, aos 37 anos de idade, e Arlene, sentindo que devia isso a ela, resolveu viver e trabalhar mais destemidamente. Ela acabara de dar à luz nosso segundo filho e começou a trabalhar de um jeito diferente em seu estúdio. Com dois filhos pequenos, ela não tinha muito tempo para si mesma, mas resolveu ser grata pelo tempo que dispunha. Do mais simples dos materiais, gesso molhado e tinta sobre finas folhas plásticas, ela esculpiu obras que, para sua surpresa, começaram a se parecer com a figura de Buda. Era como se sua determinação de curtir mais cada momento estivesse assumindo diretamente uma forma física sem que ela pretendesse. Ela nunca tinha feito trabalhos metafóricos ou icônicos antes e ficou um tanto embaraçada com isso, pelo menos no início.

"Eu podia trabalhar com gesso em um curto espaço de tempo, e era fascinante. Um dia, estava fazendo algo meio arredondado que parecia, achei engraçado, com um Buda. Em um estado mental diferente, teria parecido uma pilha de cocô. Apesar do fato de que jamais tivera interesse em fazer um trabalho representacional, de repente fazia sentido usar isso como um sinal da determinação em abraçar a vitalidade. Tornei-me consciente de que ter a presença física de um ícone funcionava como um lembrete para ficar desperta, da maneira mais ampla que alguém poderia usar essa palavra. Ter os Budas no estúdio tornou-se uma fonte de conforto."

Por que o comentário de Joseph afetou Arlene tão profundamente? E o que havia em sua sensibilidade budista que o levou a fazer uma intervenção tão indiscreta? Pergunta cabível, porque seu modo de ser sempre reticente indicava claramente que ele não tinha o hábito de dizer tais coisas para as pessoas estando elas prisioneiras de sua dor mais intensa. Mas havia entre os dois uma abertura que possibilitava uma comunicação direta sobre o Caminho Correto. Joseph não estava criticando Arlene pelo jeito como ela se sentia diante da doença de sua amiga. Era mesmo uma dor profunda. Mas minha esposa viu que, em seu apego à narrativa, em sua dramatização da injustiça da doença de sua amiga, ela estava resistindo a uma verdade maior. A morte é um fato da vida. Nós nos escondemos disso, não apenas evitando-a, mas também dando-lhe enorme importância. O Caminho Correto foi o método de Buda para descrever uma maneira realista de responder à verdade da impermanência. Abraçar a vida, como Arlene fez, e a necessidade que ela sentiu de prestar atenção a cada momento que passa foram sua resposta espontânea e expressão dessa sabedoria.

Ao conversar com meus três pacientes sobre suas tentativas iniciais de meditação, voltei a pensar nesse encontro crucial entre Joseph e Arlene. Ele havia conseguido mostrar a ela que havia outro jeito de abordar sua dor. Eu queria fazer algo semelhante para meus pacientes conforme eles se propunham a meditar. Fiquei impressionado com o fato de que cada um queria meditar da maneira "certa" e como todos consideravam que o faziam de modo "errado". Ao pensar em como ajudá-los, essa noção de "certo" e "errado" ganhou relevância e urgência. O Caminho Óctuplo adverte que determinadas qualidades "certas" podem ser cultivadas. Na visão budista, no entanto, dizer que isto ou aquilo está certo não implica dizer que todas as outras abordagens da vida estão equivocadas. A palavra "certo" significa algo para nós que o termo original (*sammā*)

CONSELHO NÃO SE DÁ

não significa. Quando ouvimos "certo", pensamos automaticamente "errado". Mas a palavra, tal como usada por Buda, tinha outras acepções primárias. Alguns tradutores usam "realista" para transmitir seu sentido; outros usam "completo". Em minha opinião, "certo" significa equilibrado, sintonizado ou adequado. Quando algo é distorcido, nós o ajustamos. Se é torto, o endireitamos. O Caminho Óctuplo "não é uma receita para uma existência budista pia na qual você faz tudo certo e não faz nada errado", diz um comentarista budista contemporâneo. É um meio de se orientar para que seus medos e hábitos não inclinem a balança de sua existência.

Não seria apropriado tentar falar com meus pacientes tal como Joseph falava com Arlene — procuro resistir à tentação de imitar meus professores —, mas pensei em duas vinhetas para me relacionar com eles. Uma delas veio de uma conversa casual com alguém que eu mal conhecia passados 25 anos da minha exploração do budismo. A outra veio dos tempos de faculdade, quando comecei a aprender sobre meditação no contexto de retiros silenciosos de duas semanas. Ambas me esclareceram algo sobre a beleza e utilidade do conceito de Visão Correta e me instaram a abandonar a noção preconcebida do que seria um "bom" budista e de como um budista "verdadeiro" poderia agir. Eu queria para meus pacientes a mesma liberdade para abordar suas meditações que aquelas ocasiões me proporcionaram.

O primeiro evento aconteceu uns 15 anos antes, quando eu estava viajando pelo meio-oeste norte-americano em uma turnê de divulgação de um livro. Uma jovem de uma organização budista local me encontrou no aeroporto. Enquanto me levava para a cidade, ela me contou sobre algo que a incomodava há muito tempo, algo que abalou sua fé no darma. Um importante professor dela retornara de um retiro budista de três anos. Tratava-se de um homem muito talentoso, um estudante de longa data do budismo e um profissional respeitado que fez do estudo do budismo sua prioridade em seus últimos anos. Ainda no retiro, sem o saber, ele havia desenvolvido câncer de cólon. Havia ignorado os sintomas leves até o término do retiro, quando o câncer havia se espalhado, e quando foi morar com a ex-aluna, chegou de súbito, às portas da morte. Ela cuidou dele durante suas últimas semanas e estava presente quando ele morreu. Suas últimas palavras, em seu leito de morte, a surpreenderam e assustaram.

"Não, não, não. Me ajude, me ajude", ele gemia.

A meditação não significava preparação para a morte? Você não deveria ser capaz de aceitar as mudanças e morrer em paz? Não era esse o ponto do Caminho Óctuplo e de seu retiro de três anos? A jovem considerou o medo de seu professor como significando que os estudos budistas haviam sido inúteis.

"Tudo aquilo foi um desperdício?", ela queria saber.

Pensei nisso muitas vezes nos anos seguintes. As expectativas da jovem estavam certamente de acordo com a conversa de Joseph com Arlene. A morte não precisa ser uma surpresa, e um dos principais frutos da prática da meditação é nos familiarizarmos com a inevitabilidade da mudança e a incerteza do momento seguinte. Mas aquele homem, familiarizado com a meditação, ainda manifestava medo. Talvez ele estivesse apenas sendo honesto enquanto enfrentava seus momentos finais. Quem disse que a morte não é assustadora, mesmo para alguém habilidoso em meditação? Sempre acho que a coisa mais próxima da morte é o nascimento, e já tendo presenciado vários nascimentos, posso definitivamente dizer que, por incrível que pareça, também é muito assustador. Passei a acreditar que o professor estava mostrando para sua amiga que não há regras quando se trata de enfrentar a morte. Na Visão Correta, enfrentar a impermanência é algo sempre em vigência, até o momento da morte, e tudo o que podemos fazer é estar com ela sem fingimento. Quando penso nessa história, descubro que isso não diminui minha própria fé. Na verdade, isso me traz conforto.

"Não, não, não. Me ajude, me ajude" é um mantra diferente daqueles que os professores budistas costumam propor, mas é um com o qual posso me conectar, um que me parece universal. Olhar a morte no rosto e responder com sinceridade pode ser o melhor que podemos fazer.

Algo que sempre apreciei no budismo é o modo como ele me solicita a contornar minhas próprias expectativas sobre o que uma resposta "esclarecida" poderia ser em qualquer situação. Essa sugestão contraria meus próprios hábitos arraigados, e é provavelmente por isso que acho a história anterior tão satisfatória. Tenho que me preocupar por toda a vida com como estarei no momento da morte? Alguém avaliará minha postura nessa ocasião? Ou posso pegar o que aprendi sobre enfrentar a questão das mudanças e me permitir lidar com isso da melhor maneira possível? Tenho que exibir uma fachada falsa mesmo no momento da morte? Ou posso confiar em mim mesmo para não fazer isso? Pude sentir como meus pacientes, em suas tentativas iniciais de meditação, mantiveram-se em suas próprias versões particulares de como executá-la. Querer fazer isso em um determinado período de tempo, desejar que a tensão desapareça e querer que a próxima meditação seja tão boa quanto a última, tudo isso representou diferentes versões dela. Os desejos de meus pacientes de "fazer certo" me lembraram de como me senti depois de um dos primeiros retiros silenciosos que já fiz. Essa foi a segunda vinheta que revelei a eles.

VISÃO CORRETA

O retiro foi na zona rural ao norte de Mendocino, na Califórnia, e foi ministrado por Joseph Goldstein e Jack Kornfield, outro dos meus primeiros professores. Eu os conheci no Instituto Naropa, em Boulder, Colorado, durante o verão, entre meus anos de faculdade, e ambos me cativaram. Eu tinha 21 anos de idade e mergulhei na alegria de descobrir uma disciplina e uma comunidade que faziam sentido para mim. Joseph e Jack provavelmente tinham apenas 30 anos de idade. Na ocasião, essa diferença de idade era suficiente para fazê-los parecer verdadeiros anciãos, no entanto, olhando agora em retrospectiva, é difícil acreditar em quão jovens éramos todos. As duas semanas de reflexão silenciosa aconteceram em um antigo acampamento cuja paisagem arborizada era repleta de cachoeiras e pedras planas, perfeitas para banhos de sol depois de mergulhos rápidos no riacho que rugia. Eu estava visitando a Califórnia especificamente para fazer o retiro, e quando ele acabou, retornei a São Francisco com Joseph e Jack. Ainda não os conhecia bem, e parecia especial estar na companhia deles. Paramos em Mendocino para o almoço antes de partirmos para o trecho mais longo. A comida no retiro era boa, dentro de minhas expectativas. Vegetariana com ênfase em grãos baratos que poderiam alimentar centenas de participantes, mas estávamos com fome. Estava pronto para abraçar uma dieta vegetariana caso isso fosse requerido, e estava principalmente focado em ser aceito naquele novo grupo.

Para minha surpresa, Jack Kornfield pediu um hambúrguer. Aliás, uma surpresa em dose dupla. Um hambúrguer depois de um retiro? Um professor budista? De repente me senti mais leve. Eu havia me imposto um conjunto de expectativas sobre mim mesmo que chegou ao ponto do que poderia ou não comer no almoço. Visão Correta, Fala Correta, Modo de Vida Correto, Ação Correta e Almoço Correto.

Eu nem queria um hambúrguer. Mas se quisesse, poderia decidir por mim mesmo. Sempre fui grato a Kornfield por aquele momento. Tenho certeza de que ele se esqueceu disso há muito, porém foi algo que solidificou meu senso de Visão Correta. A lição que tirei daquilo foi que minhas inclinações budistas não significavam que eu tinha que adotar uma identidade falsa. Mesmo enquanto estava buscando o budismo, eu poderia ser eu mesmo. Isso me deixou livre para averiguar mais facilmente. O Caminho Óctuplo era relevante, independentemente de minha dieta ou de como eu poderia agir no momento da morte. Ofereceu-se de uma forma que me encorajou a descobrir as coisas por mim mesmo. Não tive que deixar minhas expectativas regerem minha experiência e não precisei seguir ninguém cegamente. Eu poderia estar vagando em campo aberto, mas tinha um senso de direção. Esse caminho, como a Visão Correta deixou claro, foi projetado para me ajudar a ser fiel a mim mesmo.

Dois

MOTIVAÇÃO CORRETA

A Motivação Correta sugere que não precisamos ficar à mercê de nossas neuroses caso não queiramos. Com a prática, a mente consciente, quando adequadamente orientada, pode superar o condicionamento de suas influências subconscientes e, com isso, direcionar de modo intencional as atitudes de uma pessoa. Como os terapeutas sabem muito bem, é usual sermos movidos por impulsos que escapam à nossa percepção. Padrões habituais e repetitivos de reatividade dominam a mente não treinada. O budismo, prático como sempre, considera isso como um dado, mas diz tratar-se apenas de um ponto de partida. Podemos nos libertar de nossas influências inconscientes se primeiro admitirmos que estão ali, se pudermos encontrá-las e identificá-las repetidas vezes, e nos dar conta de como elas aparecem em nossa vida cotidiana. A Motivação

Correta nos encoraja a sairmos de nossos esconderijos, a usarmos nossos poderes de observação para nosso próprio bem e a sermos verdadeiros com nós mesmos. É o trecho do Caminho Óctuplo que traz a intenção consciente para o primeiro plano, nos pedindo para usar a inteligência em nosso favor e não permitir que nossos medos e hábitos determinem nosso comportamento.

Um psicoterapeuta budista amigo meu chamado Jack Engler tem uma história sobre sua compreensão da Motivação Correta que guardo comigo há muito tempo. Já faz uns quarenta anos que Jack viajou para a aldeia na Índia onde o Buda foi iluminado. Foi para estudar com um professor bengali que havia ensinado Joseph Goldstein sobre o budismo. Joseph passou sete anos conversando com esse homem, e Jack se sentiu feliz por poder estar com ele por vários meses. Ele havia conseguido uma bolsa de estudos da Comissão Fulbright depois de concluir seu doutorado em Psicologia Clínica para, entre outras coisas, avaliar a saúde psicológica dos mestres do sul da Ásia, mas sua principal motivação ao viajar para Bodh Gaya era aprender meditação com aquele professor. No entanto, para sua grande consternação, Munindra, o professor, não falou com ele sobre nada além da saúde de seus intestinos por várias semanas. Ele estava com prisão de ventre, teve diarreia, tentou os vários remédios disponíveis no mercado local? Nessa ocasião aprendi que essa é uma maneira aceitável de conversas preliminares na cultura da qual Munindra fazia parte — semelhante ao nosso papo sobre o clima —, mas para Jack isso era incrivelmente frustrante. Após duas semanas, ele finalmente foi direto ao assunto com Munindra durante uma caminhada nos campos atrás do templo chinês.

"Quando você vai me ensinar o darma?", ele perguntou, incapaz de abafar sua exasperação por mais tempo.

Munindra deu a Jack uma resposta que ele imediatamente sentiu que poderia ser profunda, mas com a qual, na ocasião, não conseguiu lidar. Só depois de retornar aos Estados Unidos, remoendo-a, entendeu a sabedoria que havia nela.

"O darma?", Munindra respondeu, afetando surpresa pela súbita impaciência de Jack. "Você quer saber sobre o darma? O darma significa viver a vida plenamente."

Tenho apreço por essa vinheta por várias razões. Por duas semanas, Munindra decidira não dar nenhum conselho a Jack. Finalmente, quando pressionado, deixou escapar o conselho que não dera, palavras simples que adquiriram um significado especial para Jack em virtude do relativo silêncio que as precedeu. Em sua relutância de tornar a prática da meditação a condição sine qua non da sabedoria budista, Munindra ecoou a admoestação (Tenha uma vida) que o Dalai Lama deu a seu seguidor ascético. E tal como o conselho de Joseph a Arlene para não exagerar o impacto da doença de sua amiga, a mensagem de Munindra era o tipo de afirmação geral — até simplista — que tenho dificuldade em imaginar sendo feita por um terapeuta ocidental, ainda que viver a vida de modo pleno provavelmente também seja o verdadeiro objetivo da psicoterapia. Jack fez uma longa e cansativa viagem à Índia em busca de treinamento em meditação, mas Munindra não seguiu sua agenda. Em minha opinião, ele queria que Jack tivesse uma visão maior antes de começar a prestar atenção em sua respiração. Queria que Jack soubesse qual era o verdadeiro propósito da meditação. O que significa viver a vida plenamente? O que nos impede? Do ponto de vista budista, o que nos impede é a motivação de nosso ego — ou, poderíamos dizer, neurótica.

CONSELHO NÃO SE DÁ

Munindra estava oferecendo a Jack uma janela para a Motivação Correta, não lhe dizendo para ser mais altruísta e para meditar com a intenção de libertar todos os seres sencientes (como é frequentemente o caso nas comunidades budistas), mas encorajando-o, em sua procura ainda mal sistematizada, a examinar o quanto ele não estava vivendo sua vida de modo pleno. Ao não cooperar com as expectativas de Jack para o treinamento de meditação, Munindra estava realizando uma função budista clássica. "Puxar o tapete" de seu aluno, naquela situação, era benigno: deu a Jack uma motivação da qual jamais se esqueceu.

A Motivação Correta, que às vezes é traduzida como Intenção Correta, Pensamento Correto ou Entendimento Correto, envolve, no fundo, a resolução consciente de moldar a vida com base na Visão Correta. Munindra estava lembrando Jack disso. Pode ser tentador usar a meditação para resistir à mudança, em vez de abrir-se ao fluxo incessante de que somos feitos. E pode ser tentador usá-la para evitar olhar para si mesmo, em vez de investigar os hábitos e medos mais profundos. Muitas pessoas praticam a meditação para escapar de si mesmas. Querem substituir uma vida que estranham por outra mais restrita, contida e administrável, aquela vivida principalmente nos travesseiros da meditação. Munindra não queria que Jack caísse nessa armadilha. Na linguagem psicanalítica, não queria que ele ficasse preso no estágio anal, em que o controle é a grande questão e as rotinas obsessivo-compulsivas se originam. Munindra queria que Jack questionasse a agenda que ele tinha para si mesmo para examinar sua motivação, mesmo que isso significasse não conseguir o que desejava. Pois existe um risco envolvido na Motivação Correta: o risco da surpresa, de alcançar conscientemente algo fora de nossa zona de conforto; o risco de permanecermos conosco, abandonando o hábito e a rotina, mesmo que isso signifique deixar vir à tona nossos segredos mais íntimos.

A Motivação Correta também não foi fácil para mim. Uma coisa foi entender as palavras, e outra bem diferente foi colocá-las em prática em minha vida. Percebi isso de maneira mais vívida nos primeiros anos de meu casamento, quando, apesar de sete ou oito anos de prática regular de meditação, me vi vulnerável a emoções intensas que não conseguia compreender.

Naqueles primeiros anos de casamento eu era, exteriormente, mais feliz do que nunca, mas por dentro vivia um período tumultuado do ponto de vista psicológico. Comecei a ter problemas para dormir e tornei-me incomumente exigente da afeição de minha nova esposa no meio da noite. Arlene era gentil, mas, necessitando dormir, impunha firmemente seus limites. Ela sabia que não poderia resolver o problema para mim. Tentei usar a meditação para me acalmar, mas fiquei perturbado e confuso com o que ocorria. A prática budista, por si só, não foi suficiente para esclarecer o que havia comigo. Eu precisava da ajuda de um terapeuta. Entender isso foi importante para mim. Deu-me um respeito renovado pela importância da psicoterapia e aumentou minha cautela em apresentar o budismo como um tratamento completo para os males psicológicos de qualquer pessoa.

Quando conseguia dormir, eu sonhava de modo recorrente que meus dentes se cerravam com tanta força que começavam a cair. Acordava apavorado desses sonhos, com medo de estar me machucando e receando voltar a dormir. É possível que a meditação estivesse me ajudando a estar mais familiarizado ou, como John

Cage havia indicado uma vez, mais fluente com a informação que perpassava meus sentidos e sonhos, porém eu não sabia como lidar com o que estava acontecendo. Os sonhos persistiram e começaram a evoluir. Neles, eu tentava falar com alguém pelo telefone — ligando para minha esposa, por exemplo —, mas quando teclava, também começava a me desfazer. E meus dentes caíam. A sensação era esmagadora e intolerável, e eu acordava para recomeçar tudo de novo. Levei tudo isso para meu terapeuta.

"Raiva oral", disse imediatamente, explicando-me detalhada e claramente algo sobre o qual eu havia lido, mas que nunca pensei que pudesse se aplicar a mim.

A raiva oral é a raiva que as crianças exibem nos primeiros anos de vida — quando a boca é a zona erógena primária e o seio ou a mamadeira é a fonte mais importante de conexão. Nutrição e conforto são o mesmo nessa fase "oral" do desenvolvimento psicossexual, e uma criança espera (se é que se pode dizer isso) que suas necessidades sejam atendidas imediatamente por quem está cuidando dela. As crianças na idade em que os dentes de leite aparecem exibem intensa fúria caso não sejam imediatamente gratificadas. Quando necessitam de alguma coisa, atacam seus pais com toda a força de amor e ódio. Crianças pequenas não têm palavras para esses sentimentos. Não há o que é chamado de "processo secundário" na mente — a capacidade de pensar simbolicamente ou abstratamente sobre algo — para a criança entender o que está acontecendo dentro dela nesses momentos, e ela certamente não tem a capacidade de postergar o imediatismo de suas demandas. Em muitos casos, os pais são capazes de responder de maneira oportuna, com simpatia e cuidado suficientes para que a raiva se esvaia. A criança é tranquilizada, e sua raiva torna-se administrável. Contudo, às vezes, e

MOTIVAÇÃO CORRETA

por inúmeras razões, a resposta não vem, ou não vem a tempo. Em tais condições, a raiva se torna incontrolável. Situações posteriores que evocam uma intimidade desejada podem fazer isso entrar em erupção novamente.

Ao conversar com meu terapeuta, meus sonhos se fundiram em uma lembrança real. Eu tinha 4 ou 5 anos de idade, e meus pais me deixaram cuidando de minha irmã, dois anos mais nova do que eu, enquanto jogavam cartas com os vizinhos da casa ao lado. Já nessa idade eu era uma criança responsável, e meus pais me haviam confiado vigiar minha irmã enquanto ela dormia. Um interfone ligava as duas casas — ainda me lembro —, e me deram instruções sobre como ligar se precisasse deles. Minha irmã chorou, e fiquei ansioso depois que eles foram embora. A lembrança do interfone surgiu quando eu descrevia um daqueles sonhos em que o telefone se desintegrava.

Com isso consegui dar sentido à minha desconcertante insônia. A felicidade de meu casamento tornara os afastamentos desafiadores. Ansiando por conexão, as ausências faziam com que me sentisse profundamente desconfortável. Tal situação ecoava aquela época anterior de minha vida em que meu desejo de ser a criança responsável criara conflito com minha necessidade de contato. Talvez isso tenha vindo de mais longe ainda, dos primórdios da infância, quando as primeiras separações e frustrações inevitáveis acontecem. Não havia como saber com certeza, mas havia uma explicação suficiente em tudo isso para me acalmar. Eu estava transformando separações em abandono e agindo como se não houvesse amanhã. Em um nível, havia a insônia. Em outro, eu estava experimentando ansiedade devido à separação. Meus sonhos, contudo, estavam me mostrando algo ainda mais profundo. Até então insuspeita, havia uma raiva primitiva escondida sob minha ansiedade, com a qual eu não estava em contato, mas que estava conduzindo meu comportamento. A terapia me ajudou a reconhecer essa raiva, achar um lugar para ela e dar-lhe compreensão. Os sonhos desapareceram, e embora a insônia ainda se manifeste de vez em quando, agora sou capaz de usar a meditação para o que é bom. Isso ajuda a conter esses sentimentos primitivos quando ressurgem à noite, mesmo que não possa me ajudar a entender de onde vieram ou como fazê-los ir embora.

As importantes descobertas que fiz durante a terapia ajudaram imensamente em meu casamento, mas não me libertaram tanto quanto eu gostaria. Os condicionamentos anteriores ainda me deixavam vulnerável, mesmo compreendendo melhor suas raízes. De fato, uma das primeiras tentativas de trazer o budismo diretamente para meu trabalho foi comprometida exatamente por esse motivo. Conduzido por um medo não reconhecido, agi de uma maneira que desqualificava a mensagem que me esforçava para comunicar. Em retrospecto, meu comportamento parecia estar relacionado aos problemas que eu estava enfrentando em meu casamento, embora na ocasião essas conexões não fossem claras para mim.

Em meados da década de 1980, eu estava ensinando no New York Open Center, uma organização no centro de Nova York para tudo que tivesse a ver com a Nova Era, com dois velhos amigos, Daniel Goleman e sua esposa, Tara Bennett-Goleman. Naquela época, o Open Center ficava na Rua Spring, no Soho. Acredito que havia sido fundado pouco tempo antes. Eu tinha concluído havia pouco minha residência em Psiquiatria e começado a atender pacientes particulares, e Danny e Tara me convidaram para juntar-me a

MOTIVAÇÃO CORRETA

eles no comando das aulas. Minha experiência nesse tipo de coisa era bem pouca. Goleman tinha sido meu professor quando eu era estudante de graduação na faculdade (ele foi um dos primeiros a me orientar no budismo), e embora grato pela oportunidade de ensinar com ele e sua esposa, estava consciente da afirmação conotada pelo convite de que eu ainda era jovem e encontraria meu caminho. Isso tudo não aconteceu muito tempo depois da conversa crucial de Joseph com Arlene, e eu estava esperançoso, fortalecido por meus velhos amigos, de que também seria capaz de ajudar as pessoas a entenderem melhor o darma. Chamamos nossa oficina de "Relaxamento Clínico" e planejamos oferecer meditação para pessoas que procuravam novas formas de lidar com o estresse. O novo papel, todavia, me deixava ansioso. Tenho uma lembrança vívida de tentar me acalmar no banheiro do andar de cima do Open Center naquela manhã, meus intestinos se agitando e não respondendo aos apelos internos. Naquele dia eu poderia ter usado uma conversa com Munindra para me ajudar a lidar com tais coisas.

A sessão da manhã foi produtiva — falamos sobre estresse e fornecemos instruções preliminares em concentração e atenção —, mas durante o almoço Danny me disse que precisavam pegar um trem às 4h45 da tarde. Algo importante surgira, e não obstante a oficina estivesse marcada para terminar às 5h da tarde, eles teriam que sair mais cedo para chegar à estação a tempo. A última hora de aula caberia inteiramente a mim.

Lembro-me de como fiquei assustado com a notícia.

"O quê?", exclamei para mim mesmo. "Você está saindo cedo? E quanto a mim?"

Talvez tivesse sido mais fácil se ele tivesse me perguntado, pensei, e não colocado como um fato consumado. Mas esse é o tipo de coisa que muitas vezes me pego pensando quando estou com raiva ou magoado. Se fulano não tivesse dito desse jeito, se tivesse me falado de uma maneira diferente... O fato é que fiquei exasperado. Mas não estava preparado para lidar com isso com ele. Era meu amigo e meu ex-professor. Escrevia sobre Psicologia para o The New York Times. Eu tinha um grande respeito por ele, e era um privilégio colaborar com ele e Tara. O que eu faria?

Minha mente trabalhou muito rápido. "Certo. Se eles estão indo embora, eu vou também", pensei. "De jeito nenhum vou ficar segurando as pontas."

Olhando para trás, muitos anos depois, acho difícil entender por que a partida deles foi tão ameaçadora. Qual seria o grande problema de administrar a aula por uma hora sozinho? Nos anos seguintes, passei a me sentir confortável nesse tipo de situação, mas naqueles dias parecia um desafio que eu não estava aceitando. Pensando nisso, posso ver que minha reação foi tanto sobre ser abandonado por meus amigos quanto sobre a inesperada oportunidade de dar aula sozinho. Em vez de lidar com isso de qualquer maneira simples, tentei transformar a situação em um ensinamento para os participantes. Lembro-me de pensar que eu havia inventado uma solução elegante.

Minha ideia foi a seguinte. Nosso dia fora estruturado com períodos de meditação silenciosa alternados com palestras e discussões. No final da tarde, pouco antes de Danny e Tara irem pegar o trem, começaríamos um período de meditação prolongada. As pessoas estariam sentadas em silêncio, com os olhos fechados, observando a respiração e praticando a Consciência Correta. Enquanto todos estavam assim concentrados, nós simplesmente sairíamos da sala. Mais cedo ou mais tarde as pessoas ficariam inquietas,

MOTIVAÇÃO CORRETA

abririam os olhos, veriam que havíamos ido embora e saberiam que o dia havia terminado. Havia a possibilidade de uma enorme lição espiritual. Para que eles precisavam de professores? Já não havia a Buddhanature[1] dentro deles? Eles estavam olhando para nós como algum tipo de autoridade, mas já tinham dentro de si a sabedoria. Assim como Munindra se recusou a convalidar a necessidade de instrução de meditação de Jack Engler, também poderíamos desafiar as expectativas de nossos alunos sobre nós. Eles queriam que os fizéssemos se sentir melhor, mas tinham que fazer isso sozinhos. O melhor conselho que poderíamos lhes dar era não dar conselho algum!

Danny e Tara não se opuseram ao plano, e era bem provável que não se realizasse exatamente com eles. Eles tinham que pegar o trem para comparecer a outro compromisso e decidiram entregar a responsabilidade a mim. Que eu não estava realmente assumindo a responsabilidade escapou a eles, tal como me escapou. Satisfeito comigo mesmo, e embora não desconhecesse a raiva persistente que sentia por meus amigos, ainda não reconhecia o quanto meu comportamento, ao infligir em nossos alunos o mesmo tipo de abandono que eu mesmo tentava evitar, expressava minhas inseguranças. Meu plano não incluiu nenhum aviso para aquele pessoal de que eu sairia cedo. Danny e Tara me informaram sobre o outro compromisso deles, mas eu não disse nada sobre minha agenda. Eu apenas desapareceria. Uma demonstração bastante criativa da noção budista do não eu, pensei.

Deu tudo certo. Apresentei a meditação final, Danny e Tara saíram para pegar o trem, o grupo ficou lá em silêncio e com os olhos

---

[1] Traduzida como Natureza de Buda, pode ser entendida como a natureza fundamental de todos os seres, na qual se inclui o princípio de que todos os seres podem realizar a iluminação.

fechados, e eu silenciosamente me levantei e saí da sala pé ante pé. Não pensei muito sobre isso depois — a oficina acabara para mim, e eu já estava em outra. Após uma semana, vinda do Open Center, chegou até mim uma torrente de cartas injuriosas de participantes magoados pelo abandono. Não havia e-mail naqueles dias, então levou algum tempo para as consequências de minha decisão me alcançarem.

"Onde estava a compaixão no que você fez?", queriam saber. "Em que você estava pensando?"

Ao ensinar o Caminho Óctuplo, o budismo frequentemente enfatiza o equilíbrio necessário entre sabedoria e compaixão. Compaixão sem sabedoria é às vezes chamada de "compaixão estúpida", e se manifesta como alguém dando muito e destruindo a si mesmo junto de quem pretende salvar. É comum em relacionamentos abusivos, nos quais o parceiro aflito perdoa recorrentemente o cônjuge abusivo, ou em situações em que alguém tem um vício e outra pessoa — um pai, cônjuge ou filho — deixa seu amado nessa condição por perdoar excessivamente. Também pode haver sabedoria sem compaixão. Não tenho certeza se meu pequeno exercício de ensino se qualificava como sabedoria, mas certamente faltava compaixão. Minha motivação não era a Motivação Correta. Ela era proveniente do medo e da insegurança, não do respeito ao outro. Em função do nexo de causalidade, inerente ao Caminho Óctuplo, as consequências desagradáveis dessa motivação falha tiveram um efeito cascata. Não haver dito nada sobre meu plano não se coadunava com a Fala Correta. Deixar meus alunos por sua conta e risco não era uma Ação Correta. O esforço para evitar minha ansiedade não foi o Esforço Correto. Andar na ponta dos pés para fora do Open Center não era o Modo de Vida Correto. Forçar meus alunos a estarem atentos enquanto estão sendo abandonados não era a Atenção Mental Correta. E desaparecer não foi a Concentração Correta.

Meu fiasco no Open Center, no entanto, me ajudou de uma maneira imprevista. Fez com que eu soubesse que minha vida pessoal e profissional não estavam tão desconectadas entre si quanto eu poderia ter esperado, e que as questões que me atormentavam em casa poderiam inesperadamente aparecer em outro lugar. Isso levou a uma mudança em minha compreensão do budismo, reforçando a importância de integrar com minhas inclinações budistas o que eu estava aprendendo em minha vida pessoal e da terapia que fazia. Se a Motivação Correta significa viver plenamente a vida, então a terapia tem um papel importante a desempenhar.

Foi por essa época que publiquei um artigo sobre o budismo em uma revista britânica de Psicanálise Clássica de grande circulação, e recebi cartas de três respeitados analistas de Nova York depois que a revista foi a público. Cada um eles sugeriu, independentemente, que eu lesse o trabalho de um analista infantil britânico chamado Donald Winnicott, cujo trabalho centrava-se na noção da "mãe suficientemente boa" e nos objetos transicionais da infância — os cobertores ou bichos de pelúcia que ajudam as crianças nas separações do dia a dia. Algo em minha descrição do budismo os fez se lembrar de Winnicott. Eu estava bem pouco familiarizado com o trabalho dele na época, mas fiquei intrigado e comecei a lê-lo. Ele estava especialmente sintonizado com os tipos de coisas que eu estava descobrindo em mim: as experiências emocionais primitivas das crianças antes do início da linguagem. Entre muitos insights brilhantes e provocativos, havia um sobre o qual meus próprios problemas haviam me alertado. Uma vez que as crianças são bombardeadas por emoções que não conseguem entender, são totalmente dependentes das pessoas ao redor para "abafar" suas emoções e tornar esses sentimentos suportáveis e, mais tarde, inteligíveis. Os pais fazem isso instintivamente confortando seus filhos quando amuados e fazendo-os saber que tudo ficará bem. Winnicott escreveu sobre como as inevitáveis falhas nessa "exploração" deixam cicatrizes. Quando existe um ambiente "suficientemente bom", as crianças desenvolvem a fé de que a experiência emocional é administrável. Quando não há, sobrevém um sentimento de ser "infinitamente descartado".

Em meu artigo, que escrevi sem conhecer o trabalho de Winnicott, tinha discordado da descrição bem conhecida de Freud sobre a experiência mística como um retorno ao "sentimento oceânico" do bebê no seio. Mas eu dizia que, não obstante, Freud tocava em um ponto sensível. Embora eu não tenha usado a expressão "holding environment" (em tradução livre, "ambiente de preservação"), tentei descrever como a meditação cria um recipiente no qual sentimentos desconfortáveis podem ser conhecidos e investigados. Quem medita não precisa regredir ao narcisismo infantil, como imaginara Freud, para que as emoções não processadas da infância sejam reveladas. Elas surgem naturalmente: às vezes no ato de meditar, às vezes em sonhos e, às vezes, como no meu caso, na vida amorosa. O que achei de tão útil no trabalho de Winnicott foi que ele tinha explicações a respeito de onde esses sentimentos se originam. Suas explicações apoiavam o que eu havia descoberto em minha própria terapia; sua abordagem combinava com a do meu terapeuta e reforçava os insights vindos dos sonhos em que esmagava meus dentes. No lugar de tratar meus sentimentos desconfortáveis apenas como obstáculos irritantes, pude investigá-los, pensar neles e usá-los para chegar a um entendimento mais compassivo de mim mesmo.

Meus esforços para integrar o budismo com a terapia mudaram durante os anos subsequentes. Vi quão relevante era o modo de pensar de Winnicott para meus pacientes e também para mim mesmo, e me esforcei para tornar meu consultório um lugar em que as pessoas se sentissem seguras o bastante para revelar os sentimentos que as assustavam e entender aqueles que ameaçavam o equilíbrio que iam alcançando pouco a pouco. Meu foco tornou-se cada vez mais centrado na terapia. Senti que era importante oferecer às pessoas a oportunidade de trabalhar com suas emoções primitivas a partir de uma perspectiva psicodinâmica.

Não fiz outra tentativa de unir os dois mundos até a ocasião em que outros dois amigos de meus círculos budistas se mudaram para Nova York e me convidaram para ensinar com eles. Robert Thurman é professor de budismo tibetano na Universidade Columbia e um dos primeiros ocidentais a ser ordenado monge budista na escola liderada pelo Dalai Lama. E Sharon Salzberg é professora de meditação na tradição vipassana do budismo Theravada, versão predominante no Sri Lanka, em Myanmar e na Tailândia. Ela é uma das fundadoras da Insight Meditation Society, em Barre, Massachusetts, onde fiz a maioria de meus retiros silenciosos. Nós três já ensinamos juntos há quase vinte anos. À medida que nosso ensino evoluiu, encontrei-me elaborando muitos dos temas deste livro. Em vez de apresentar a meditação como uma técnica de redução do estresse, como fizera com Danny e Tara, com Bob e Sharon comecei a sempre discutir os sentimentos perturbadores que havia descoberto em mim mesmo. Eu já havia passado tempo suficiente como terapeuta para perceber que não estava sozinho em lidar com essas questões e que muitas pessoas que estavam aprendendo sobre o budismo também lutavam para entender seus impulsos mais profundos e assustadores. O budismo por si só não aborda facilmente os tipos de coisas que na psicoterapia são o arroz com feijão de todo dia e que Winnicott descreveu de maneira tão evocativa. Para tornar o budismo relevante no mundo de hoje, no qual nosso eu psicológico é parte integrante do que levamos à meditação, achei muito útil explicar a perspectiva de Winnicott e falar sobre o valor da psicoterapia. O budismo tem muito a oferecer, mas precisa de ajuda com os tipos de questões psicológicas que muitas vezes enfrentamos: questões de relacionamentos, de infância e de reatividade emocional enraizadas em um passado não resolvido.

Quando leciono com Bob e Sharon, quase sempre começo com um famoso artigo de Winnicott chamado "Hate in the Counter-Transference" (em tradução livre, "Ódio na Contratransferência"), que compara a frustração de um terapeuta com seus pacientes com a de uma mãe incapaz de evitar que, às vezes, odeie seu amado bebê. Adoro apresentá-lo às pessoas em meditação porque isso ajuda a fazer da raiva um assunto de investigação valioso, em vez de simplesmente um elemento perturbador do qual tentam se livrar. O artigo de Winnicott, que tem um tom soturno, faz uma avaliação realista da condição humana, combinada com uma mensagem edificante, quase espiritual, incomum em um discurso profissional.

Em seu artigo, Winnicott levanta 18 motivos pelos quais as mães odeiam seus bebês. Não há nenhum tipo de malícia em sua argumentação, nem julgamento ou condescendência. Há, de fato, empatia e humor nascidos da experiência e do entendimento. Em minha opinião, seu ponto principal é que a raiva, tal como a que experimentei em meus sonhos, não desaparece magicamente (mesmo quando a infância é "boa o suficiente"), mas se manifesta na vida adulta sempre que houver frustrações, mesmo em situações como a paternidade, quando podemos fingir que não existe. Sua tese é a de que os terapeutas, no intuito de ajudar os pacientes com seus problemas envolvendo raiva, devem estar confortáveis com seus próprios sentimentos mais profundos, assim como a mãe, para ajudar o filho a lidar com os impulsos destrutivos dele, deve estar confortável com ela mesma. "Por mais que ame seus pacientes, o terapeuta não pode evitar odiá-los e temê-los", ele escreve, "e quanto mais sabe disso, menos o ódio e o medo serão os motivos determinantes do que ele faz aos pacientes". Ao refletir sobre meu comportamento no Open Center, pude ver quão oportuna uma advertência dessas poderia ter sido!

Eis minha passagem favorita do artigo:

> Uma mãe tem que ser capaz de tolerar odiar seu bebê e não fazer nada sobre isso. Ela não pode expressar isso para ele... A coisa mais notável sobre uma mãe é sua capacidade tanto de se doer quanto de odiar seu bebê, e sua capacidade de esperar por recompensas que podem ou não vir mais à frente. Talvez ela seja ajudada por algumas das rimas que ela canta e de que seu bebê gosta, mas felizmente não entende. Quem sabe?
>
> *Nana, neném*
> *Que a cuca vem pegar*
> *Papai foi pra roça*
> *Mamãe foi trabalhar*
>
> Penso em uma mãe (ou pai) brincando com uma criança pequena: a criança aproveitando a brincadeira e não sabendo que o pai está expressando ódio nas palavras, talvez em termos de simbolismo do nascimento. Essa não é uma rima sentimental. O sentimentalismo é inútil para os pais, pois contém uma negação do ódio,

CONSELHO NÃO SE DÁ

e o sentimentalismo na mãe não é bom do ponto de vista da criança.

Parece-me duvidoso que uma criança, à medida que se desenvolve, seja capaz de tolerar toda a extensão de seu ódio em um ambiente sentimental. Para odiar ela precisa de ódio.

Essa imagem de mãe ou pai cantando para o bebê sobre sua própria ambivalência sempre me comoveu. Fala da experiência real dos pais, das exigências intermináveis que um novo bebê coloca em cada um e da satisfação que surge quando as próprias motivações egoístas são reconhecidas e contidas. A coisa mais notável sobre uma mãe, parafraseando Winnicott, é sua capacidade de levar tudo para o lado pessoal, sem levar para o lado pessoal. Sua descrição do estado parental da mente é verdadeira também para o meditativo. Não é preciso ser uma tábula rasa ou um espaço vazio. Pode haver ternura, mas também humor, autopiedade misturada com autodepreciação, raiva mesclada no amor, uma qualidade provocativa que é, no entanto, subserviente ao balanço, ao canto e ao embalamento da canção de ninar. E por trás de tudo há o eco da inevitabilidade da separação e da mudança, conforme descrito na Visão Correta: Papai foi pra roça, mamãe foi trabalhar.

Falar sobre essas coisas para um público budista sempre mexe um pouco comigo. É algo que eles não esperam. Ao me valer de Winnicott para agregar beleza ao budismo, não estou apenas exaltando o poder da meditação para imitar a mente de uma mãe "boa o suficiente". Estou também enfatizando como a psicoterapia tem algo importante para nos ensinar sobre como evocar essa mentalidade essencial. Embora tenha feito muito uso disso em meus ensinamentos ao longo dos anos, também achei imensamente útil em meu trabalho clínico.

Um de meus pacientes mais espiritualmente talentosos, por exemplo, uma mulher chamada Claire, que praticava meditação há mais de vinte anos, deparou-se várias vezes com a sensação de que ela não era real para mim, que me importava com ela em virtude de meu trabalho, mas não porque realmente significasse algo para mim. Não se trata de um sentimento incomum na terapia, mas era muito persistente com Claire. Durante muito tempo não consegui descobrir como lidar com esse sentimento. Se agisse de modo muito reconfortador, poderia perder o significado mais profundo de sua insegurança, mas se ignorasse, estaria faltando algo essencial.

Conforme a ia conhecendo, descobri que muitas vezes ela parecia mais confortável com suas realizações meditativas do que com sua própria história. Ela tendia a usar a meditação como um portal para uma expansão vazia e infinita na qual poderia se dissolver. Ela gostava de ir a esse lugar em sua imaginação e ficar por lá. Isso lhe dava uma sensação de paz, mas também uma ponta de tristeza. Havia algo desolador que eu podia sentir sempre que ela falava disso. Para Claire, a meditação era uma alternativa à realidade cotidiana; era um lugar ao qual ela poderia ir para se afastar das coisas que a incomodavam. Uma vez por dia, ou mais frequentemente, caso estivesse zangada ou chateada, Claire gostava de fumar um cigarro. A maneira como ela falava sobre o cigarro e a meditação eram semelhantes. Ambos ofereciam alívio da rotina diária, um afastamento daquilo que a aborrecia. Na terapia com ela, muitas vezes pensei no comentário de Munindra sobre viver a vida plenamente. O persistente sentimento de Claire de não ser importante para mim era uma pista importante sobre o que a estava retendo, mas eu não entendia muito bem a conexão.

Um dia, quando nossa conversa girava em torno do pai de Claire, houve um avanço. Fomos capazes de unir vários eventos significativos em sua vida, dando sentido ao que vinha à luz através da terapia dos sentimentos. O pai de Claire havia deixado a família quando ela tinha 2 anos de idade. Ele tinha se casado novamente, teve outro filho, e foi visitá-la quando ela tinha 13 anos. Ela se lembrava de tê-lo visto brincar no tapete da sala com seu meio-irmão de 2 anos e sentido que a cena era muito "obscena" para se olhar. "Obscena" foi a palavra que usou. Surpreso, lhe pedi para explicar. O pai era muito rico, ela disse. Parecia um momento perfeito de pai e filho, o tipo de coisa que ela sempre desejara na vida, e ela tinha que desviar o olhar. Embora em sua voz houvesse mais tristeza do que raiva quando descreveu a cena, ficou claro para nós dois que uma profunda raiva subjazia em sua experiência. As próprias necessidades de atenção de seu pai também devem ter parecido obscenas a Claire naquele momento. Como ela poderia não sentir que havia algo faltando nela? Ela ainda estava abrigando esse sentimento?

Vários anos após esse encontro com seu pai, Claire ficou anoréxica. Ela passava as noites olhando fotos de comida em revistas, salivando nas imagens depois de ter jogado secretamente seu próprio jantar no lixo. Às vezes ela jogava um "game": olhava-se no espelho para verificar se era real. Quanto mais tempo olhava, mais dissociada se tornava. Passado um tempo, ela não reconhecia o rosto estranho no espelho e se beliscava, tocando o rosto de novo e de novo para verificar se ainda havia alguma realidade física. Quando sugeri que ela deve ter se perguntado se era importante para alguém, ela rejeitou essa ideia. A questão não era "Ela importava?", me disse, mas "Ela ainda era importante?". Claire sentia falta do direito a ter necessidades.

MOTIVAÇÃO CORRETA

Quando sua mãe percebeu o que estava acontecendo, encheu-a de doces e sobremesas até o apetite dela voltar. Ainda que tal coisa jamais seria sancionada no mundo da terapia como um tratamento eficaz para a anorexia, funcionou para Claire. Ela não resistiu à tentação dos doces, ou à realidade de sua mãe oferecendo-os a ela, e começou a se alimentar de novo. Tenho certeza de que sua mãe estava agindo por puro instinto, mas teve êxito. Fez algo que os terapeutas têm um notória dificuldade em termos de tempo no tratamento da anorexia: ela restaurou o apetite normal de sua filha. Todavia o desejo inconsciente de Claire de se desmaterializar não tinha ido embora.

Quando Claire começou a praticar meditação, aos seus 20 e tantos anos, teve uma experiência intensa, mas assustadora. Ao contrário de muitas pessoas que começam a meditar, ela achou isso muito fácil de fazer. Seus pensamentos não a preocupavam, e ela se colocava em um estado tranquilo e pacífico. Sentimentos de alegria e felicidade surgiam, e ela deixava se levar por eles sem resistência. Mas, de repente, ficou com medo. Ela se sentia separada de seu corpo e não sabia como voltar a ele. Seu coração começou a bater furiosamente, porém ela estava bloqueada fora da carne. Logo aquilo perdeu seu caráter beatífico e tornou-se uma espécie de pânico dissociado do qual ela não podia sair. Só foi capaz de voltar para sua mente e seu corpo do dia a dia quando um de seus professores se sentou com ela e, olhando-a nos olhos, a fez ritmar a respiração, inspirando e expirando.

A riqueza do mundo interpessoal permaneceu sendo algo de que Claire se sentia indigna, a despeito dos melhores esforços de sua mãe e de seu professor de meditação. Sua premissa básica, disfarçada em sua veneração pela meditação, era a de que ela não era real. Ela sentiu isso em seu relacionamento comigo, e é justo dizer que se tornou um pilar inconsciente de sua identidade. O ego de Claire estava convencido de sua própria insignificância. Foi um grande passo à frente quando ela conseguiu encontrar as palavras certas para expressar isso, e um passo ainda maior quando se deu conta de onde vinham suas convicções e começou a levar a sério a consideração que eu tinha por ela. Claire costumava dizer, quando melhorava, que em vez de "encurralá-la" com meu entendimento, eu a "recebia bem" em nossas sessões. Deixei espaço para seus sentimentos desconfortáveis de um jeito que permitiu que ela também abrisse espaço para eles. Até então seus sentimentos de irrealidade — e as necessidades e emoções escondidas sob eles — estavam fora de sua consciência, mas condicionavam boa parte de seu comportamento. A terapia de Claire permitiu que ela tomasse posse de sua história, ainda que dolorosa. Ao se afastar da visão de seu pai, ela também se afastou de si mesma. Havia sentimentos importantes que ela estava tentando evitar na época, sentimentos que então pareciam tão obscenos quanto o amor exibido na frente dela. Esses sentimentos — de saudade, inveja, raiva e insegurança — poderiam agora começar a ser integrados. A Motivação Correta, em minha opinião, foi o vetor condutor nessa direção.

As emoções ainda têm má fama em muitos círculos budistas. Quando estava aprendendo meditação, as emoções que mais me ensinaram foram os obstáculos, ou impedimentos, à estabilidade meditativa que são conhecidos por todos aqueles que tentam acalmar a mente. Geralmente esses obstáculos são listados como raiva, luxúria, preocupação, dúvida e fadiga, embora se atribua "fadiga" a nomes mais misteriosos como "preguiça e torpor". O professor budista quer saber: Quem está com raiva? Quem tem esse desejo? Por trás de cada um desses sentimentos há uma sensação de um "eu" importantíssimo — alguém que se esforça para exercer o controle no centro de um universo em geral pouco cooperativo. Essa maneira de trabalhar com as emoções, embora incrivelmente útil em certos aspectos, tende a ultrapassar o conteúdo pessoal importante e significativo associado a tal desconforto. A terapia de Claire é um bom exemplo disso. Ela queria evitar seus sentimentos desconfortáveis por qualquer meio possível, no entanto isso a deixava se sentindo irreal. O conteúdo emocional precisa de uma atitude acolhedora, caso contrário permanecerá não digerido, esperando para vir à tona em momentos inoportunos.

Há uma tendência entre os praticantes budistas, e até mesmo entre muitos professores budistas, a juntar todos os sentimentos e ver o caminho espiritual como aquele em que aspectos "tóxicos" do eu, como as emoções, são "limpos" através da prática. Através da erradicação de tais "impurezas", supõe-se, um estado de quietude pode ser alcançado, um estado de calma definido pela ausência de distúrbios emocionais. A visão de Claire era muito próxima dessa. É uma reminiscência, na linguagem usada para descrevê-la, da dinâmica do treinamento higiênico associado ao estágio anal freudiano, no qual a limpeza do desperdício no serviço de ordem e controle também é enfatizada. Contudo essa prática leva a um tipo de paralisia. Em vez de liberar o fluxo subjacente de sentimentos que marca nossa conexão com esse mundo e nos torna humanos, há apenas retrocesso e rotina. Sob o disfarce de abertura, as emoções são desligadas, sentimentos são afastados. Há um tipo de alegria disfarçada de tranquilidade.

Com isso não se quer sugerir que não é importante aprender a se separar de sentimentos difíceis na meditação. Eles não são chamados de obstáculos à toa. Mas a ideia de que devem ser erradicados é perigosa. Ao trazer Winnicott para um diálogo com o budismo, tentei mostrar uma alternativa. Motivação Correta é a motivação da mãe devotada comum. Ela não se esquiva do ódio, mas percebe que tem sabedoria e compaixão para realizar até mesmo as experiências emocionais mais difíceis. Essa capacidade é inerente aos pais suficientemente bons. Winnicott deixou claro que esse é o melhor modelo para a psicoterapia. Parece-me ser também necessário no budismo. Vamos tratar as emoções primitivas da infância como motivação para o crescimento, e não como obstáculos a serem eliminados. Tratar a vida emocional como um obstáculo é um obstáculo em si mesmo. Afinal de contas, a história pessoal não pode ser apagada.

Três

FALA CORRETA

Embora Fala Correta signifique, convencionalmente, abster-se de mentir, participar de fofocas, manter conversas fúteis e dar respostas ofensivas — atitudes que agitam e perturbam a mente —, ela adquiriu para mim um significado adicional. Como falamos para nós mesmos é tão importante quanto a maneira como falamos com os outros. O modo como pensamos é tão crucial quanto o que dizemos em voz alta. Tanto o budismo quanto a psicoterapia nos pedem para prestar muita atenção às histórias que entremeiam nossa respiração. Tendemos a considerá-las como coisa certa, mas, de fato, nem sempre refletem com precisão a verdade.

A Fala Correta é tradicionalmente apresentada como a primeira das três qualidades éticas a serem cultivadas no Caminho Óctuplo, e Ação Correta e Modo de Vida Correto a seguem. A fala exterior é enfatizada porque há uma escolha envolvida no que dizemos e em como dizemos. É raro, mesmo quando estamos tentando associações livres, que realmente falemos sem pensar, sem algum tipo de intencionalidade por trás do que dizemos. A abordagem clássica da Fala Correta nos pede para prestar atenção ao intervalo entre pensamento e ação e intervir quando há toxicidade nas palavras que estamos prestes a proferir. Ela pede que abdiquemos da linguagem que não serve a nenhum propósito, de palavras danosas ou que nos distraiam. Nós, porém, normalmente não experimentamos o mesmo tipo de escolha em nossa vida interior. Nossos pensamentos privados parecem acontecer por si mesmos. Padrões de pensamento repetitivos e destrutivos arrastam-nos para redemoinhos de críticas recorrentes cujo alvo, com frequência, somos nós mesmos ou aqueles próximos a nós.

A postura clássica foca rejeitar a linguagem exterior grosseira, e em minha opinião os preceitos da Fala Correta também podem ser aplicados em nosso mundo interior. Está ao nosso alcance observar e questionar o caudal de pensamentos em nossa mente e controlá-los, interrompendo o que aparenta se constituir em uma involuntária cascata interna. Muitas pessoas resignam-se com a maneira como falam a si mesmas. Não gostam, mas aceitam como um dado. "Esse é apenas quem eu sou", dizem elas quando pressionadas. Mas a resignação não é a forma de aceitação que o budismo recomenda. A Fala Correta nos pede para levar a sério as histórias que contamos, mas não para tê-las como algo líquido e certo. Ter clareza sobre elas é ter algum poder sobre elas. "Achar que é verdade", digo muitas vezes aos meus pacientes, "não quer dizer que seja verdade".

Meditação é como olhar para isso por um microscópio. Sentimos uma comichão na pele e nos dizemos que é preciso coçar, senão...

FALA CORRETA

Nossas costas doem e achamos que não podemos mais aguentar, então é melhor levantar e nos movimentarmos. Estamos presos no trânsito, incomodados sobre quão atrasados chegaremos, e entramos em frenesi, já imaginando o pior. Algo quebra e nos apressamos em atribuir isso a uma falha, em vez de lidar com a situação com cuidado ou inteligência. A meditação sugere que permaneçamos com a matéria-prima de uma dada experiência por mais tempo do que estamos acostumados — seja com a coceira, a dor, o atraso ou a perda súbita — e questionar os complementos secundários. Em termos emocionais, minha tendência a transformar a separação em abandono é um bom exemplo disso. Para mim, é difícil lidar com a separação, mas ao lhe dar o significado adicional de abandono, parece impossível.

Quando as pessoas que nunca meditaram o fazem pela primeira vez, muitas vezes ficam surpresas com a facilidade com que são tomadas pelo pensamento. Começar a meditação envolve aprender a permanecer no corpo, seguindo as sensações físicas à medida que vão acontecendo. Mas a Fala Correta, em minha interpretação, é um lembrete para não ficarmos presos no corpo. O jeito como falamos com nós mesmos continua a importar. Isso fica muito claro quando se trata de observar as emoções de alguém. O sentimento bruto da emoção é uma coisa, e o componente mental, no qual atribuímos significado ao sentimento, é outro. É raro nos preocuparmos com separar os dois.

Para dar sentido aos sentimentos que experimentei nos primeiros anos de casamento, precisava encontrar alguém com quem pudesse conversar sobre eles. Entrincheirados no mais recôndito de meu ser, tinham um apego muito profundo para que eu pudesse entendê-los sozinho e fosse capaz de simplesmente deixá-los fluir meditativamente. Meus sonhos dialogavam comigo à noite, mas eu precisava falar sobre eles durante o dia para entender o que poderia estar ocorrendo. Falar sobre eles me permitiu mudar a história que contava a mim mesmo. Minha reação automática foi culpar minha esposa por não estar atenta o suficiente à minha aflição. Ao começar a explorar essa conclusão, no entanto, em vez de agir impulsivamente, minha história começou a mudar. Compreendi que tinha que fazer por mim mesmo algo que minha esposa não podia. De alguma forma, eu tinha que assumir a responsabilidade por sentimentos que fugiam da minha compreensão. Na mesma linha, em meu trabalho como terapeuta, não posso ajudar as pessoas se primeiro elas não me dizem, da melhor maneira que podem, o que estão pensando e sentindo, ainda que o conteúdo seja vergonhoso ou constrangedor. Descartar sem mais nem menos os pensamentos de alguém é como abandonar um barco e deixá-lo à deriva. Uma história nunca muda se for simplesmente ignorada; apenas fica lá, à espera, pronta para voltar e se vingar.

Em meus esforços para preencher a lacuna entre psicoterapia e budismo, e observando como as emoções da infância podem nos assombrar na vida adulta, encontrei uma aliada inesperada e poderosa em Sharon Salzberg. Conheci Sharon em 1974 no Instituto Naropa, e se passaram mais de 20 anos antes de começarmos a trabalhar juntos seriamente. Nunca foi pretensão dela se tornar uma instrutora budista, mas lenta e inexoravelmente, com o encorajamento de professores que conheceu na Índia ainda na faculdade, ela se transformou em uma das principais promotoras do budismo no Ocidente. Quando ela se mudou para Nova York, no final dos anos 1990, eu costumava enviar pacientes que me perguntavam sobre meditação para suas aulas semanais. Várias pessoas iam e voltavam entre Sharon e eu, permitindo-nos colaborar à distância. Conforme as coisas iam evoluindo, quando começamos a ensinar com Robert Thurman e comecei a trazer Winnicott para nossas discussões públicas, Sharon notou que em nossas oficinas sempre havia alguém que me pedia para elaborar sobre o que significava ser pais "bons o suficiente".

"Significa ser capaz de sobreviver à raiva de uma criança", eu respondia.

"E o que significa sobreviver à raiva?", perguntavam.

"Não ser invasivo e não rejeitar", eu dizia. "Ser capaz de suportar a raiva dela e ficar aberto à experiência da criança sem abandoná-la, mas também sem retaliar."

Sharon entendeu que eu estava aplicando a atenção plena à experiência emocional, não apenas às sensações físicas do corpo ou da respiração. Embora eu não soubesse disso na época, apesar de ter sido seu amigo durante anos, Sharon tinha uma razão especial para estar em sintonia com essa maneira de trabalhar. Sua infância foi terrivelmente sofrida, e ela trabalhou muito, com a ajuda de professores budistas que conheceu antes de mim, para lidar com a autoimagem negativa que seu sofrimento havia provocado. Em 2001, ela publicou um livro chamado *Faith* (Fé, em tradução livre), no qual corajosamente revelou as muitas perdas de sua infância e descreveu como o budismo a auxiliou. Esse livro teve um efeito profundo em mim. A Fala Correta era enfatizada desde o início.

"Todos contamos a nós mesmos algum tipo de história sobre quem somos e sobre o que é nossa vida", escreveu Sharon na primeira frase do livro. "A história que ouvi de mim mesma durante anos foi que eu não merecia ser feliz. Ao longo de minha infância, acreditei que algo deveria estar intrinsecamente errado comigo, já que as coisas pareciam nunca mudar para melhor."

Isso foi o mínimo. A história de Sharon foi difícil de ouvir. Quando tinha 4 anos, seu pai desapareceu. Aos 9, Sharon teve que chamar uma ambulância quando sua mãe, assistindo à TV com ela enquanto se recuperava de uma pequena cirurgia, começou a sangrar incontrolavelmente. Sharon nunca mais a viu; ela morreu duas semanas depois no hospital. Quando Sharon tinha 11 anos, seu avô, com quem tinha ido morar, faleceu, e seu pai reapareceu. Seis semanas após voltar para casa, o pai tomou uma overdose de pílulas para dormir e passou o resto da vida no sistema de saúde mental, para nunca mais voltar. Sharon morou com a avó até entrar na faculdade, aos 16 anos.

Quanto às consequências disso, ela foi eloquente em seu livro. Uma das coisas mais difíceis, disse, é que ninguém falou abertamente sobre todas as perdas que sofreu. Houve "um silêncio ambiente e opaco" no lugar de qualquer discussão real. Isso não é de forma alguma raro. Pacientes meus cujos pais cometeram suicídio ou morreram de doença quando jovens quase unanimemente relataram que nunca escutaram ninguém falar sobre isso. Sharon descreveu como seus sentimentos de tristeza, perda, raiva, confusão e desespero tinham que ser escondidos das pessoas em sua vida e de si mesma.

"A história que eu contava a mim mesma era a de que aquilo que sentia não tinha importância alguma", ela escreveu. "Eu não me importava com nada, ou então esperava que parecesse assim. Passei a conhecer muito bem a proteção da distância, de um mundo estreito e comprimido. Embora autora de meu ato de retroceder, senti-me abandonada... Durante anos, quase não falei. Mal me permiti uma emoção completa — nada de raiva, nada de alegria. Toda a minha vida foi um esforço para me equilibrar na borda do que parecia um penhasco onde estava encalhada."

Sharon teve a sorte, depois de anos de infortúnio, de encontrar no budismo a inspiração para dar a volta por cima. Viajando pela Índia ainda durante a faculdade, ela encontrou alguns professores budistas maravilhosos. Valeu-se do budismo para diminuir o apego à sua história e começou, em essência, a se recriar. Ela encontrou refúgio na afirmação de Buda de que o sofrimento é um aspecto inextricável da vida e parou de se culpar pelo que havia passado. No lugar do silêncio opaco que a rodeava enquanto crescia, surgiu uma nova vontade de encarar seus sentimentos, não os embelezando, mas tampouco se afastando deles. E ela encontrou fé na promessa de que todas as pessoas — até ela! — eram capazes de ser felizes. Em uma das partes mais comoventes de Faith ela confessou que a frase com a qual mais se identificava antes de meditar era a famosa réplica de Lucy para Charlie Brown no desenho animado Peanuts: "Sabe qual é seu problema, Charlie Brown? O problema com você é que você é você." Quando Charlie Brown pergunta em voz alta o que ele poderia fazer a respeito, Lucy replica com sua própria versão do conselho que não foi dado. "Não pretendo ser capaz de dar conselhos", ela responde. "Eu meramente aponto o problema."

Quando começamos a trabalhar juntos, Sharon perguntou a um amigo psiquiatra o que ele considerava a força mais importante para a cura no relacionamento psicoterapêutico, e ele aventurou-se a dizer que o ingrediente essencial era o amor. Freud disse uma vez a mesma coisa, embora a frase que usou tenha sido mais obscura. "A transferência positiva inquestionável", Freud a havia chamado.

Sharon discordou.

"Apenas comparecer a seus compromissos", ela respondeu. "Essa é a coisa fundamental."

A resposta de Sharon me impressionou. Ela havia entendido algo importante. Quando trancada em sua história de Charlie Brown sobre o que estava errado com ela, bloqueou-se para a vida. Para voltar a ela, teve que enfrentar repetidamente sentimentos que havia trabalhado a vida inteira para evitar. Ela viu que o perímetro protetor que havia criado em torno de si estava deixando-a lá atrás e deliberou esforçar-se para, em suas palavras, "participar, se engajar" e "se vincular". Para escapar do penhasco em que estava encalhada, teve que aprender a se relacionar com o mundo de forma diferente. Em decorrência, a história sobre si mesma foi mudando gradualmente. É de Freud um dito espirituoso muito conhecido a respeito disso, encontrado na linha final de seu artigo sobre a relação terapêutica. "Pois quando tudo está dito e feito", escreveu ele em 1912, "é impossível destruir alguém à revelia ou rasgando seu retrato". Uma pessoa tem que se mostrar antes que seus monólogos internos possam ser desembrulhados e questionados.

Sharon encontrou ajuda especial na Índia, vinda de uma mulher bengali chamada Dipa Ma, que era uma das alunas mais próximas e mais talentosas de Munindra. Dipa Ma casara-se ainda adolescente e perdeu dois bebês, seu marido e sua saúde quando tinha 40 e poucos anos. Aos 46 anos, depressiva e desesperada, procurou a meditação; ainda residindo em seu modesto apartamento em Calcutá no início dos anos 1970, quando Sharon a conheceu por instigação de Munindra, ela já se tornara uma professora budista de 60 anos de idade. Ela passou muito tempo com Sharon e previu, para grande surpresa desta, que também ela seria professora quando voltasse aos Estados Unidos, em 1974.

"Você pode fazer o que quiser", disse Dipa Ma. "É só o pensamento de que você não pode fazer isso que a está impedindo. Você deveria ensinar, porque realmente entende o sofrimento."

A experiência de Sharon foi muito inspiradora para mim. Sua disposição de olhar para si mesma em meditação, da maneira como fazemos em psicoterapia, aparecendo para se consultar, embora fosse doloroso, afirmou a conexão que fiz entre os dois mundos. As emoções perturbadoras também são objetos valiosos da meditação, assim como as sensações físicas podem ser. As pessoas geralmente sentem-se mais à vontade para tratar suas emoções como obstáculos do que cultivar uma atitude aberta, receptiva e inquisitiva em relação à sua vida interior. Contudo tratar uma emoção como um problema é permanecer preso. Mesmo que seja visto como tal, o que pode ser feito sobre isso? Pode-se simplesmente eliminá-lo? Fingir eliminá-lo apenas leva à falsidade. E tratá-lo como um fator de contaminação apenas reforça as inclinações negativas das pessoas. Elas usam a presença incontroversa de suas emoções como mais uma prova de seus fracassos, como outra razão para se machucar.

Tais sentimentos, como os que Sharon tentava afastar em sua juventude, muitas vezes chegam à tona em momentos inoportunos e nos atrapalham. A Fala Correta significa estar disposto a afrouxar o apego que temos às explicações de longa data que temos nos dado a propósito deles enquanto enfrentamos essas emoções. Isso significa aceitar o desconforto, relaxá-lo, respirar através dele e nos perguntar que histórias estamos contando a nós mesmos sobre isso, em vez de simplesmente reagir de maneira condicionada e, com demasiada frequência, autofágica. Penso que Sharon estava falando muito pessoalmente quando disse que a coisa mais importante em psicoterapia é comparecer às consultas. Na terapia, quando aparecemos, procuramos sentimentos, os exteriorizamos e fazemos deles objeto de investigação. Conversamos sobre as emoções, as examinamos, nos perguntamos sobre elas e exploramos seus limites. Essa disposição de deixar separadas a matéria-prima da emoção e a história que construímos em torno dela é um aspecto fundamental da Fala Correta. Permite-nos falar mais gentilmente com nós mesmos diante de nosso sofrimento mais intenso, não apenas no meio da meditação ou no consultório de um terapeuta, mas na vida real, no meio da noite, quando estamos acordados imaginando o que está errado conosco.

Quando soube da previsão de Dipa Ma de que Sharon ensinaria porque ela realmente entendia o sofrimento, presumi que ela se referia ao fato de que Sharon sofrera muito em sua vida, por isso seria uma boa professora. Passei a ver tal declaração de forma diferente somente anos depois de haver começado a trabalhar com Sharon. Penso agora que Dipa Ma quis dizer outra coisa. Sharon entendeu o sofrimento, creio eu, porque o investigou minuciosamente, explorando e nomeando os vários componentes que já havia evitado enquanto mantinha suas conclusões prematuras sob escrutínio meditativo. Sharon realmente entendeu o sofrimento porque o analisou internamente de todos os ângulos possíveis, em vez de correr, como em sua juventude, para a posição padrão de "o problema com você é você".

Em que pese a infância de Sharon ter sido marcada por perdas muito reais e concretas, a forma como ela explicava as coisas para si mesma é generalizada mesmo entre pessoas que não têm uma história abertamente devastadora. Muitas pessoas se sentem inadequadas sem ter traumas da ordem dos de Sharon. Ela podia lembrar as várias perdas que teve que suportar. Outras pessoas podem apenas inferir o que pode ter dado errado. Uma das coisas em que me concentro mais resolutamente é a maneira como as pessoas explicam as coisas para si mesmas. A terapia funciona quando a discussão que se tem com o terapeuta muda a conversa que se tem consigo mesmo.

Um bom exemplo disso vem de uma paciente chamada Miranda, uma respeitada professora de literatura francesa que veio à terapia há vários anos. Miranda era especialista no trabalho de Samuel Beckett. Ela o escolhera graças à compreensão que ele tinha dos sombrios alicerces da existência humana. Tendo-o como íntimo companheiro durante um período de 20 anos, ela se refugiou na genialidade e compaixão que sentia emanarem de seus escritos.

Em um ponto crítico em seu tratamento, Miranda teve um episódio de ansiedade aguda e inexplicável. Ela tinha ido ao estúdio de pintura vazio de um amigo em Greenwich Village no início de uma manhã de segunda-feira de primavera. Era um belo estúdio — privativo, com vista para um pequeno parque que resplandecia de árvores floridas e flores coloridas —, e Miranda estava animada para ir lá para escrever sem ser perturbada por sua família ou vizinhos. Ela gostava de ler Beckett em voz alta quando podia. Isso a ajudava a se concentrar e lhe dava uma sensação de mais profundidade em seu trabalho. Mas naquela manhã ela começou a se sentir presa, uma parede invisível a mantendo afastada. Um medo intenso se abateu sobre ela, uma sensação recorrente e não totalmente desconhecida, mas que não a incomodava havia muito tempo.

Miranda não tinha ideia sobre de onde viera sua dor naquele dia, porém sentia-se terrivelmente desconfortável e não conseguia se concentrar. O estúdio, antes sereno, assumiu um ar maligno. Ela entrou em espiral e se viu consumida pela escuridão e pelo pavor, e passou grande parte do dia vagando pelas ruas da cidade.

Quando falamos sobre isso no dia seguinte, Miranda fez uma associação. Ela se lembrava de ter certeza de que morreria quando tinha 10 anos de idade. Seus pais fizeram o que puderam para convencê-la do contrário, mas ela então teve certeza de que seriam eles que morreriam, e ela não poderia ser consolada. Tentando fazê-la se sentir melhor, seus pais a levaram para a casa de seus avós, um lugar que ela sempre amou, e a deixaram lá. Essa, contudo, foi a primeira vez que ela era deixada sozinha com seus avós. Ela adorava a casa porque a família inteira sempre se reunia lá. Agora estava separada de seus pais, ainda convencida de que eles morreriam. À noite, acordou gritando, preocupada que nunca mais os veria novamente.

O sentimento dominante na história de Miranda era o de solidão, mas não era a sensação de solidão de alguém que sofreu uma perda concreta de um ente querido. Era uma solidão mal tolerada, mais como meu medo de abandono do que o sentimento real de esquecimento de Sharon, que parecia tão intimidante — tão assustador, tão vergonhoso —, que a única solução era banir completamente o sentimento. Ele havia irrompido inesperadamente no estúdio de pintura, mas era intenso demais para Miranda lidar sozinha. Ela achou isso humilhante e não queria investigar mais. Com grande receio da dor, precisou de muito encorajamento para ir mais fundo naquilo.

Em um ataque de autoaversão que surgiu em nossa sessão, Miranda insistiu que sua verdadeira natureza era carente, deprimida e sem valor. Penso que foi o uso de Miranda do termo "natureza verdadeira" que me chamou à atenção. Ela não era particularmente instruída em cultura budista, e não sei se ela estava se referindo conscientemente a um conceito budista, mas me senti obrigado a discordar dela. Eu não achava que Buda concordaria que sua verdadeira natureza era inútil ou carente, e essa também era minha opinião. Senti que ela era mais verdadeira quando ria do que quando se sentia vazia ou desesperançada.

"Toda essa autoaversão é algo extra", tentei explicar. "Você a está colocando em si mesma, repetindo a mesma história várias vezes. Acha que está sendo honesta comigo, me mostrando seu verdadeiro eu. Mas tudo o que você está me mostrando é o ódio por si própria. Apenas tente liberá-lo. Agora mesmo. Neste momento. Você não conhece sua verdadeira natureza ainda. Nem começou a dar espaço para isso." Pensei em Dipa Ma dizendo à Sharon que ela poderia fazer o que quisesse, que eram apenas seus pensamentos que a seguravam. Miranda não estava segurando seus sentimentos difíceis do jeito que Dipa Ma teria esperado. Houve uma enorme pressa para o julgamento que levou a intensificar as oscilações mentais. Eu queria que Miranda assumisse a responsabilidade pela maneira como ela estava falando consigo mesma, não dar um passe livre a seus pensamentos.

Essa noção foi uma revelação para Miranda. Dei meu apoio com alguma instrução de meditação, proporcionando a ela uma maneira concreta de não mais se identificar com seus pensamentos repetitivos conforme ouvia mais profundamente sua mente. Miranda poderia se afastar de sua autoaversão, se tentasse. Ela não precisava ser indulgente com aquilo como vinha fazendo. Sua verdadeira natureza não estava em seu sofrimento, em sua história, em sua desesperança ou em sua necessidade. Sua verdadeira natureza estava lá para ser descoberta caso ela pudesse apenas questionar o modo como estava falando consigo mesma.

CONSELHO NÃO SE DÁ

Ao tornar a Fala Correta relevante para meus pacientes, sou inevitavelmente atraído por essa noção. Eu queria que Miranda compreendesse que ela poderia conviver com seus sentimentos sem a história de autodepreciação que havia criado em resposta a eles. Ela era o vórtice vertiginoso de energia nociva que pensava ser, sugando e expelindo negatividade e necessidade? Ou ela era... algo mais? Cedendo a meus estímulos, ou atraída por minha fé, ela se tornou um pouco mais aberta. Temporariamente disposta a questionar sua baixa autoestima e tratá-la como um pensamento, em vez de uma verdade, ela olhou para mim com um brilho nos olhos e sorriu.

"Isso eu posso tentar", disse ela.

Nas semanas e meses que se seguiram, Miranda enfrentou esses sentimentos novamente. Ainda incomodada pela solidão, lidou com a situação com uma atenção mais relaxada, permitindo seus altos e baixos. Não evitou o sentimento: constatou seu medo e aceitou sua ansiedade. Ela o tratou como algo a ser observado, tal como uma cena teatral se desenrolando em seu pleno direito. À medida que fazia pequenas anotações quando a solidão batia forte, avançava significativamente no exame de sua vida interior. E certa espécie de leveza surgiu nela. Se a Fala Correta significava progresso em sua escrita, Miranda falhou. No entanto, se aquilo significasse mudar o modo como ela falava consigo mesma, ali havia indícios de sucesso.

Em meu trabalho com Miranda, tive um aliado inesperado em Samuel Beckett. Em sua explosão de criatividade mais prodigiosa, a partir de 1946, Beckett escreveu seus romances *Molloy* e *Malone Morre*, bem como sua peça mais famosa, Esperando Godot. Naquele ano, ele passou a maior parte do tempo sozinho em seu quarto em Paris, saindo apenas à meia-noite para dar um giro pelos bares do bairro Montparnasse. Segundo seu biógrafo, tudo começou com uma epifania no final de um píer de Dublin em meio a uma tempestade de inverno:

> Em meio aos uivos do vento e à agitação das águas, de repente ele percebeu que a "escuridão que ele lutara para manter soterrada" em sua vida — e em seus escritos, que até então não conseguiram encontrar um público ou satisfazer suas próprias aspirações — deveria, de fato, ser a fonte de sua inspiração criativa. "Sempre estarei deprimido", concluiu Beckett, "mas o que me conforta é a percepção de que agora posso aceitar esse lado sombrio como o lado dominante de minha personalidade. Ao aceitá-lo, farei com que funcione para mim".

Essa é a aceitação de alguém disposto a falar gentilmente consigo mesmo diante de uma tremenda agonia, a aceitação de alguém que não está mais lutando para suprimir sua escuridão. Trata-se de algo essencial tanto para a terapia quanto para o budismo e que pode ser aplicado não apenas ao mal da depressão, mas também à inevitável tristeza do luto, uma parte inseparável da vida. Com demasiada frequência as pessoas reagem a tais sentimentos da mesma maneira que Sharon descreveu. O esforço para reprimi-los, para retornar ao "normal", deixa um silêncio ambiente e opaco em seu rastro.

Ganhei uma visão adicional disso quando, conversando com minha mãe de 88 anos de idade, quatro anos e meio depois que meu pai morreu de um tumor no cérebro, fiquei surpreso ao ouvi-la se questionar. "Você deve achar que eu já deveria ter superado isso", disse ela, falando da dor de perder meu pai, seu marido por quase 60 anos. "Passaram-se mais de quatro anos e ainda estou triste."

Não tenho certeza se me tornei psiquiatra porque minha mãe gostava de falar comigo dessa maneira quando eu era jovem ou se ela fala assim comigo agora porque me tornei psiquiatra, mas fiquei contente por ter essa conversa com ela. O luto precisa ser discutido, pensei. Quando mantido com demasiada privacidade, tende a estender-se indefinidamente.

"Traumas nunca se vão por completo", respondi. "Mudam, talvez, suavizam em parte com o tempo, mas nunca desaparecem inteiramente. O que a faz pensar que deveria superar isso? Não acho que funciona assim."

Havia uma sensação palpável de alívio quando minha mãe levou em consideração minha opinião.

"Não tenho que me sentir culpada por não haver superado isso?!", ela disse. "Demorou dez anos desde a morte de meu primeiro marido", lembrou-se de repente, recordando-se de seu namorado da faculdade e de sua morte súbita por um problema cardíaco quando ela tinha 20 e poucos anos, alguns anos antes de conhecer meu pai. "Acho que eu poderia me dar um tempo."

Só fiquei sabendo do primeiro marido de minha mãe aos 10 ou 11 anos de idade, quando estava jogando palavras cruzadas e fui procurar uma palavra em um dicionário. Lá, no lado de dentro da capa, em sua caligrafia, estava o nome dela escrito em tinta preta. Apenas não era seu nome atual (e não era seu nome de solteira) — era outro nome, desconhecido, não Sherrie Epstein, mas Sherrie Steinbach: uma versão alternativa de minha mãe ao mesmo tempo inteiramente familiar (pela caligrafia) e totalmente alienígena.

"O que é isso?", lembro-me de perguntar a ela, segurando o dicionário azul desbotado, e a história veio à luz. Depois disso, era raro voltar a esse assunto, ao menos até meu pai morrer, meio século depois, quando minha mãe começou a mencioná-lo, dessa vez por vontade própria. Não tenho certeza de que a dor da morte do primeiro marido tenha desaparecido completamente; parecia estar retornando no contexto da morte de meu pai.

Eu acabara de escrever um livro sobre trauma quando se deu aquela conversa, e a sensação de serendipidade me pareceu inteiramente procedente. O trauma não é apenas o resultado de tragédias. Não acontece somente com algumas pessoas. Pode ser como uma corrente subterrânea que permeia a vida cotidiana, atravessando-a com a pungência da impermanência. Gosto de dizer que, se não estamos sofrendo de transtorno de estresse pós-traumático, estamos sofrendo de transtorno de estresse pré-traumático. Não há como estar vivo sem estar consciente do potencial de um desastre. De um jeito ou de outro, a morte (e seus primos — velhice, doença, acidentes, separação e perda) paira sobre todos nós. Ninguém está imune.

A resposta que dei à minha mãe — que o trauma nunca desaparece completamente — aponta algo que aprendi ao longo dos anos como psiquiatra. Ao resistir ao sofrimento, evitando sentir todo seu impacto, nos privamos de sua verdade. Como terapeuta, posso atestar o quanto pode ser difícil reconhecer o sofrimento alheio e admitir a vulnerabilidade de alguém. É muito mais fácil deixar-se levar por qualquer história crônica que tenhamos contado a nós mesmos do que permanecer com nossa experiência. A reação automática de minha mãe — "Eu já deveria ter superado isso?" — é muito comum. Há uma corrida para o normal que nos fecha, não apenas à profundidade de nosso próprio sofrimento, mas também, em consequência, ao sofrimento dos outros.

Quando vêm os desastres, podemos ter uma resposta empática imediata, mas, por dentro, estamos frequentemente condicionados a acreditar que o "normal" é onde todos devíamos estar. As vítimas dos ataques terroristas de Paris, dos atentados à Maratona de Boston ou do massacre em uma boate em Orlando levarão anos para se recuperar. Soldados retornando da guerra carregam consigo suas experiências no campo de batalha. Podemos, como comunidade, manter essas pessoas em nosso coração por anos? Ou seguiremos em frente, como o pai de um de meus amigos esperava que seu filho de 5 anos — meu amigo — fizesse depois que sua mãe se matou, dizendo-lhe certa manhã que ela havia partido e nunca mais a mencionaria?

Em 1969, após trabalhar com pacientes terminais, a psiquiatra suíça Elisabeth Kübler-Ross tirou do armário o trauma da morte com a publicação de *Sobre a Morte e o Morrer*. Seu modelo de cinco estágios do luto — negação, raiva, barganha, depressão e aceitação — era radical na época. Isso fez da morte um tópico normal de conversa, mas teve o efeito inadvertido de fazer as pessoas sentirem, como minha mãe, que tristeza era algo certo a se sentir.

Não há um prazo determinado para o luto. Esse período não é o mesmo para todos. Nem necessariamente tem um fim. A maneira mais saudável de lidar com o luto é se apoiar nele, em vez de tentar mantê-lo sob controle. Na tentativa de moldá-lo, para ser normal, acabamos nos sentindo estranhos.

Fiquei surpreso quando minha mãe mencionou que levara dez anos para se recuperar da morte de seu primeiro marido. Para mim isso teria levado uns seis ou sete anos, pensei comigo, na época em que ela começou a se sentir melhor. Meu pai, embora fosse um médico compassivo, não queria lidar com o casamento anterior de minha mãe. Quando se casou com ele, ela deu as fotografias de seu primeiro casamento para a irmã dela guardar. Nunca soube ou pensei em perguntar sobre isso, mas, depois que meu pai morreu, minha mãe, de repente, abriu-se bastante a respeito desse período oculto de sua vida. Aquilo estivera à espreita, praticamente calado, por 60 anos.

Minha mãe estava se colocando sob a mesma pressão ao lidar com a morte do meu pai como quando seu primeiro marido morreu. A perda anterior estava condicionando a última, e as dificuldades só estavam aumentando. Senti-me feliz por ser psiquiatra e grato por minhas inclinações budistas ao falar com ela. Eu poderia oferecer--lhe algo além daquelas palavras consoladoras usadas para levar pessoas enlutadas à normalidade.

A disposição para enfrentar traumas, sejam eles grandes, pequenos, primitivos ou recentes, é a chave para a cura. Eles não desaparecem em cinco etapas, mas talvez isso não seja necessário. Como Sharon foi lembrada ao abraçar inicialmente o budismo, e como Beckett expressou tão gloriosamente, o sofrimento é um aspecto não erradicável da vida. Somos humanos como resultado do sofrimento, não apesar dele.

A Fala Correta, tal como interpreto, nos pede para prestar atenção ao jeito que falamos sobre esse aspecto inevitável da vida, ao modo como exageramos suas implicações. Na privacidade de nosso mundo interno, é muito frequente dificultar e piorar as coisas. Nosso próprio discurso de ódio subliminar reveste nossa experiência e dá uma camada adicional de significado ao que já é difícil o suficiente. Segundo a Fala Correta, isso é desnecessário. A autocrítica ainda pode surgir — padrões antigos não desaparecem assim, em um instante —, mas a postura de uma pessoa em relação à crítica interna

CONSELHO NÃO SE DÁ

pode mudar. Quando se aprende a observar a natureza viciante e autoperpetuadora de muitos de nossos pensamentos, o domínio deles diminui. A Fala Correta tira-lhes a pungência, trazendo a consciência ao primeiro plano. Revigorada por essa descoberta, a mente sente o alívio. O questionamento de minha mãe — "Não tenho que me sentir culpada por isso?!" — é típico dessa mudança. Sua conclusão, "Acho que eu poderia me dar um tempo", descreve a liberdade que é possível. Como terapeuta, fui treinado para prestar atenção cuidadosa às palavras que as pessoas usam ao se expressar. Frases como a de minha mãe, "eu acho", muitas vezes aparecem sem que a pessoa tenha consciência delas e transmitem hesitação ou dúvida. Se minha mãe fosse minha paciente, eu a pressionaria um pouco. Poderia pedir a ela para repetir a frase, mas largar o "eu acho", por exemplo, para ver se ela realmente poderia se dar um tempo. Mas o bastante foi o bastante. Segurei minha língua. Até mesmo a Fala Correta tem seus limites.

Quatro

AÇÃO CORRETA

A recusa de Samuel Beckett de ser intimidado por sua depressão batia com os preceitos budistas. Em vez de direcionar suas energias para se livrar de seu lado negro, ele encontrou uma maneira de tomá-lo como elemento de inspiração. Essa é a conexão-chave entre a Fala Correta e a Ação Correta. Ambas envolvem a mobilização do poder de contenção. Antes de sua epifania, Beckett era como alguém iniciando a terapia na esperança de se livrar de tudo que o estava incomodando. Depois dela, alcançou outro nível. Abandonando as tentativas de eliminar uma parte de si mesmo, e não mais impulsionado por uma falsa imagem de perfeição, ele foi capaz de modificar suas expectativas enquanto sondava a si mesmo mais profundamente, em última análise, usando suas explorações com propósitos artísticos.

Ação Correta significa, tradicionalmente, não agir de modo destrutivo. Matar, roubar, atividade sexual nociva e intoxicação "até o ponto da negligência" formam o núcleo das proibições éticas clássicas. Os monges fazem seus votos considerando esses tipos de coisas, e tais votos conferem um duplo benefício. Eles protegem a comunidade inculcando um código moral forte e compartilhado e protegem o indivíduo da inquietação interna que tais ações trazem consigo. O budismo busca o bem-estar mental. Se as ações geram doenças, elas são obviamente contraproducentes.

Entretanto não agir por impulso não é o mesmo que não fazer nada. Pense na diferença entre comer compulsivamente e preparar uma verdadeira refeição. Naquela há uma espécie de distorção mental que muitas vezes deixa em sua esteira um sentimento de desgosto. Grandes quantidades de comida são ingeridas, porém é comum dar-se pouca atenção ao sabor. Nesta última há restrição, mas não falta de atividade. Ação Correta significa comprar os ingredientes adequados, fatiar os vegetais, preparar a refeição e arrumar a mesa. Uma enorme quantidade de restrição é necessária mesmo quando há muito a ser feito. Adiar a necessidade do ego de gratificação imediata é o princípio central desse aspecto do Caminho Óctuplo.

A psicoterapia é um terreno fértil para o desdobramento da Ação Correta. Como as pessoas chegam à terapia portando todos os tipos de angústia, com esperança de alívio imediato, o fardo nas costas do terapeuta é pesado. É maravilhoso quando há uma pílula que posso prescrever que aliviará rapidamente os sintomas, mas isso funciona apenas em uma fração de tempo. Quando não posso ajudar alguém imediatamente, tenho que esperar. Preciso frear minha ansiedade, minha necessidade de ajudar, de interferir com o tratamento. A terapia é frequentemente um processo longo, lento, que se concentra na construção de um relacionamento de confiança. À medida que a confiança se desenvolve, há mais e mais espaço para eu agir — ou falar ou me relacionar — provocativamente: de uma maneira que, espera-se, contrarie as ideias preconcebidas que meus pacientes têm sobre o que os aflige. Isso envolve levar as pessoas, com gentileza, ao desconforto e para longe de suas noções fixas e frequentemente exageradas do que está errado com elas. Envolve fazer com que elas questionem as histórias que estão contando a si mesmas há muito tempo. "A aceitação de não saber", escreveu Winnicott, "produz um tremendo alívio".

Esse é um dos aspectos mais empolgantes de ser terapeuta, embora existam muitas forças contrárias nessa área que buscam conter sua natureza improvisada e substituí-la por uma mais circunscrita e operacional, na qual um terapeuta segue um plano de ação prescrito desde o início. A Ação Correta encoraja os terapeutas a não deixarem que seus desejos de cura interfiram no tratamento, a não deixarem que seu profissionalismo se torne uma defesa, mas a usarem como ferramenta terapêutica o relacionamento tornado viável quando as pessoas confiam umas nas outras. É fácil ver como a restrição ética da Ação Correta se encaixa nisso. Se, por exemplo, um terapeuta tira vantagem sexual de seus pacientes, a liberdade e a confiança permitidas pelo relacionamento são imediatamente interrompidas. Contudo não é apenas de maneiras tão violadoras assim que os terapeutas podem debilitar seus tratamentos. Caso estejam muito focados em estar certos, insistindo demais para que seus conselhos sejam seguidos, eles correm o risco de causar um curto-circuito na ajuda que estão tentando dar.

Quando consigo usar a Ação Correta para captar o interesse de meus pacientes, há nisso um potencial de mudança. Padrões antigos

CONSELHO NÃO SE DÁ

podem ser expostos, e novas possibilidades podem surgir. A história do budismo está repleta de exemplos de professores que usam essa confiança para enfraquecer as noções restritivas dos alunos sobre quem eles deveriam ser. A psicoterapia não fica muito atrás. Quando podemos ajudar as pessoas a verem seus pensamentos repetitivos como meros pensamentos, e não como histórias verdadeiras, há um sopro de liberdade. Nossas narrativas não precisam ser tão convictas de si mesmas quanto nos deixamos acreditar. Quanto mais as examinamos de maneira aberta, menos convencidos tendemos a estar sobre elas.

Embora a Ação Correta possa ajudar os terapeutas em seu próprio perfeccionismo, ela também pode ser extremamente útil no lado do paciente. As pessoas querem saber, acima de tudo, o que podem fazer para se sentir melhor. Para mim, é aqui que a Ação Correta é mais útil. Muitas pessoas que são atraídas pelo budismo — e outras tantas que vêm para a terapia — acham que a resposta está no "deixar ir". "Ensine-me a deixar ir", elas pedem. "Se eu aprender a meditar corretamente, isso me ajudará?" A suposição mais comum delas é a de que deixar ir significa desistir daquilo que as incomoda. Se estão com raiva de alguém, dizem a si mesmas para deixar sua raiva ir embora. Caso estejam ansiosas, tentam deixar de lado sua ansiedade. Se convivem com pensamentos perturbadores, se esforçam para despachá-los. Ou se estão tristes e aborrecidas consigo mesmas, tentam renunciar aos sentimentos infelizes.

Todavia deixar ir não significa liberar aquilo que está incomodando. Tentar se livrar disso só o torna mais forte. Deixar ir tem mais a ver com paciência do que com liberação. Há uma diferença de rumo, valor intrínseco e perspectiva em relação à maneira como comumente pensamos. Uma frase famosa no budismo japonês tenta

AÇÃO CORRETA

explicar isso. "Aprenda o passo atrás que comuta sua luz para dentro iluminando a si mesmo", sugere. Então, "corpo e mente, de per si, desaparecerão, e sua face original se manifestará". Esse passo para trás é outra maneira de descrever a Ação Correta. Você se acomoda em si mesmo, em vez de tentar fazer com que o elemento perturbador vá embora. Se alguma coisa se vai, isso acontece por si só. Você não pode fazer isso acontecer diretamente.

Ao trabalhar com meus pacientes, descobri que essa abordagem básica é extremamente útil. Quando chegam pela primeira vez, é raro poderem explicar exatamente qual é o problema. Comumente não sabem. Ou, se acham que sabem, a explicação não é de todo satisfatória.

"Por que, quando vejo uma garota bonita descendo a rua, tenho fantasias de estrangulá-la?" Eis o que um homem de 70 anos de idade me pergunta, profundamente perturbado com sua própria mente, atormentado por esses pensamentos indesejados, perturbadores e intrometidos. "Por que, quando você diz algo útil para mim, fico com vontade de mandá-lo àquele lugar?"

Tais sentenças não são pronunciadas facilmente. Há muita ansiedade ligada a esses pensamentos obsessivos, desconfortáveis, indesejados e geralmente não verbalizados. Ralph teme não conseguir controlar suas ações, que seus impulsos levem a melhor sobre ele, ainda que ele jamais tenha, em suas ações, cedido a seus pensamentos obsessivos. É importante que esses pensamentos estejam sendo ditos e confessados, mas sei por que eles estão acontecendo? Existe uma palavra mágica que eu possa dizer que seja capaz de aliviar seus tormentos e os faça ir embora? Eu encorajo suas associações livres. Talvez possamos encontrar os elos da infância que deram vida a esses pensamentos obsessivos. Ou talvez não. Isso melhorará as coisas? Ou existe outra maneira?

Embora os sintomas de Ralph sejam incomuns, a perplexidade provocada por eles não é. Meu segundo terapeuta, Isadore From, com quem trabalhei quando comecei a atender pacientes particulares, parecia saber disso muito bem. Ele começava cada uma de nossas sessões com a frase "O que há com você hoje, Mark?". Sempre me senti ansioso sob o olhar dele, nunca tive certeza exata do que se passava comigo naquele dia, ou o que havia nele! Perguntei-lhe uma vez sobre essa manobra de abertura, e ele me disse, candidamente, que começava todas as sessões dessa maneira, não apenas as minhas. Ele gostava mais do que as convencionais "Como você está se sentindo?" ou "Como você está indo?". Isadore não gostava de amabilidades. Ele gostava de cutucar os limites, me colocando imediatamente em contato com minha ansiedade, se eu pudesse lidar com isso. Sabia que eu teria preferido algo um pouco menos impactante, mas isso teria me colocado na defensiva, em lugar de me ajudar a sair dela.

Muitas vezes as pessoas chegam à terapia vivendo uma vida roteirizada que não foi planejada. Lenta e constantemente, através da conversação, elas podem chegar a um entendimento maior, mas ainda limitado, do que as está sufocando. As conversas com Ralph renderam muitas fontes sedutoras de seus sintomas. Talvez ele não pudesse tolerar se sentir atraído por mulheres mais jovens. Quem sabe temesse a rejeição e buscasse uma vingança preventiva contra mulheres bonitas, só podendo expressar sua agressão de maneira obsessiva. Ou talvez seus pensamentos estivessem presos a uma época 40 anos antes, quando ficou chapado com a namorada e, de repente, do nada, olhando para a magreza e a fragilidade do pescoço dela, imaginou-se sufocando-a e saindo correndo apavorado do quarto. Talvez sentir-se atraído ou agradecido o tornasse dependente de uma maneira que ele achava muito ameaçadora. Ele cresceu em uma parte difícil da cidade e sempre foi escolhido por gangues de meninos maiores. Demasiada dependência teria colocado um alvo em suas costas. Alguma dessas conjecturas o fez se sentir melhor? Possivelmente. Mas as conclusões em si não ajudaram tanto quanto o questionamento colaborativo aberto em que nos envolvemos juntos.

A coisa mais útil que disse a Ralph foi que ele não estava olhando com o devido cuidado para as mulheres bonitas que passavam na rua. Ele podia se permitir olhar discretamente, eu disse — é o que os homens fazem. Ele estava se sufocando, estrangulando seus instintos, interrompendo seu olhar e inibindo seu desejo. Ele fez algo parecido comigo também, apontei. Quando eu dizia ou fazia alguma coisa útil, pela qual ele sentia ímpetos de gratidão, Ralph se desconectava de seus sentimentos com um pensamento sexual indesejado. O pensamento proibido se tornava então o foco de sua atenção, e ele ficava preocupado em tentar não tê-lo novamente. Isso se tornou um círculo vicioso obsessivo do qual era muito difícil de sair. Tentar não ter esse pensamento só o tornou mais pronunciado e ameaçador.

"O que se passa de verdade com você?", eu me perguntava. "Você me traz esses pedaços estranhos de pensamentos assustadores, mas esse não é o verdadeiro você."

"Procure concentrar-se mais em sua experiência real", eu dizia a ele de tantas maneiras diferentes quanto poderia imaginar. "Sua respiração, seu corpo, o que você está realmente vendo e sentindo. Não é preciso fazer seus sintomas desaparecerem; é preciso apenas mudar a maneira como você se relaciona com eles. Quanto menor a aversão por seus pensamentos, menos controle eles terão. Você poderia estar menos preocupado e mais aberto ao que está vendo em torno de si."

Creio ter conseguido algo com ele. Ralph gostou do conselho e o achou útil. Seus pensamentos de asfixiar as mulheres não desapareceram completamente, mas ele considerou surpreendentemente útil o encorajamento e a permissão para olhar as mulheres com as quais se deparava nas ruas. Em vez de fixar-se tanto em seus pensamentos indesejados, ele começou a olhar em volta.

"Para onde você quer olhar?", lembro-me de perguntar a ele.

No início, ao mencionar os seios das mulheres, ele se sentia envergonhado. Ralph era o tipo de pessoa que não se lembrava de rostos, que não notaria se houvesse uma mudança na decoração de uma sala, que não é atenta a pistas visuais. Havia um mundo visual e, eu suspeitava, um mundo emocional e erótico que ele não estava vivendo. Ele apreciava o desafio de retornar discretamente ao seu campo visual, aos corpos e rostos das mulheres na rua, mesmo quando seus pensamentos se intrometiam, e descobriu que, como resultado, passava menos tempo com seus pensamentos obsessivos quando eles surgiam. Eles ainda vinham, mas não ocupavam a vida dele da mesma maneira. Ele começou a enxergar seus pensamentos perturbadores como meros pensamentos, e não como a última palavra de sua fibra moral.

Alguns podem argumentar que, do ponto de vista budista, encorajar o voyeurismo de Ralph era contraproducente. Buda ensinou que o desejo está na raiz do sofrimento, e que os desejos são infinitos. Satisfazê-los nos mantém em suas mãos e nos prende em um ciclo interminável de breves satisfações seguidas pela busca incansável de mais. Afrouxar o controle dos instintos é uma das marcas da abordagem budista. Contudo para afrouxar o controle precisamos primeiro saber quais são eles. Ralph estava tão em desacordo com seus desejos que não havia como trabalhar com eles. Porém, quando ele começou a relaxar consigo mesmo, percebeu que havia na contemplação masculina mais do que simples luxúria. O desejo erótico muitas vezes mascara um anseio por intimidade emocional. Sua resposta obsessiva aos momentos genuínos de conexão em meu consultório abriu uma janela para isso. Ele me disse um dia que tais pensamentos também aconteciam quando apreciava um pôr do sol. Isso sempre foi um mistério para ele. Havia algo tão terno e comovente no pôr do sol, ele percebeu, que sua mente fugia para evitar a pungência.

Há uma famosa história zen que descreve uma antiga versão da terapia com pacientes como Ralph. É sobre Bodhidharma, o homem que trouxe o budismo da Índia para a China e depois passou nove anos em uma caverna olhando fixamente para uma parede. Bodhidharma, uma figura lendária que viveu no século 5º ou 6º, não gostava de ser incomodado. Ele morava sozinho em sua caverna olhando as paredes o dia todo. Quando as pessoas viajavam até o remoto lugar onde ele ficava para solicitar seus ensinamentos, ele as mandava embora. Um homem, que se tornou seu herdeiro do darma, foi particularmente persistente. Huike, obstinado, permanecia na neve do lado de fora em frente à entrada da caverna e não saía dali. Por fim, diz-se que ele cortou o braço esquerdo e apresentou-o a Bodhidharma como prova de sua dedicação e sinceridade. Essa parte da história é frequentemente usada como um exemplo da tenacidade de se praticar o budismo com sucesso. Não acho que o esforço tenaz dele é o ponto da história; no entanto, não é também uma descrição da Ação Correta

CONSELHO NÃO SE DÁ

que eu apoiaria. A intervenção de Bodhidharma, na verdade, ajuda Huike a abandonar seus esforços.

A história, em síntese, é a seguinte:

Huike diz a Bodhidharma, quando finalmente teve a chance de falar diretamente com ele: "Minha mente está ansiosa. Por favor, tranquilize-a."

Ao que Bodhidharma responde: "Traga-me sua mente, e eu a tranquilizarei."

Huike diz: "Eu a procuro, mas não consigo encontrá-la." Bodhidharma então diz: "Eu a tranquilizei lá onde ela está." Huike, em seu desejo de se libertar de sua ansiedade, era muito semelhante a Ralph. E Bodhidharma, em um movimento paradoxal, ajudou-o terapeuticamente. Ao pedir a seu visitante que encontrasse a mente que o incomodava, Bodhidharma chamou sua atenção. E ao mover Huike de maneira criativa para fora de sua zona de conforto, longe da fixação em sua ansiedade, Bodhidharma estava implantando a Ação Correta. Ele conseguiu que Huike mudasse de foco e reconhecesse que a mente, que julgava estar na raiz de seu problema, não estava lá da maneira que ele imaginava. Sua não descoberta foi a descoberta, a maioria dos professores budistas insiste. A natureza vazia e consciente da mente estava lá o tempo todo, já pacificada. Essa troca habilidosa fez Huike se tornar ciente disso.

Há algo disso em uma psicoterapia bem-sucedida. As pessoas chegam com seus sintomas e, embora não sejam tão agressivamente exigentes quanto Huike, estão essencialmente pedindo a seus terapeutas que pacifiquem suas mentes. Se tudo que eu tivesse que fazer fosse repetir uma história zen para eles, a vida seria uma coisa linda. Mas o desafio não é imitar Bodhidharma, mas, sim, ser tão engenhoso quanto ele. Ele deduziu a história que Huike estava contando a si mesmo e, com graça, simplificou-a. Deu a Huike uma maneira diferente de entender a si mesmo, não por meio de uma instrução, mas com a vivacidade de uma interação.

Uma abordagem assim não é estranha à psicoterapia. Há uma longa história de terapeutas experientes fazendo o que podem para chacoalhar seus pacientes de modo a fazê-los sair de sua zona de conforto — ou, melhor dizendo, desconforto. Certa feita, quando lecionava em um oficina de três dias sobre budismo e psicoterapia, conversei durante o almoço com uma mulher de 20 ou 30 anos que havia se consultado com Wilhelm Reich quando estava na faculdade, no final da década de 1940. Seu encontro com ele me lembrou do de Huike com Bodhidharma. Para mim, ouvir sua história era como conhecer alguém que estivesse em tratamento com o próprio Sigmund Freud. Ouvi-la no contexto de uma oficina sobre budismo e psicoterapia foi particularmente agradável.

Reich foi um dos discípulos mais jovens de Freud, a quem conheceu em 1919, aos 22 anos de idade e ainda cursando a faculdade de Medicina. Ele rapidamente se destacou nos círculos psicanalíticos vienenses e desenvolveu suas próprias teorias de análise de caráter e a função do orgasmo sexual antes de se tornar cada vez mais errático e controverso em seus últimos anos. A ideia central de Reich, pela qual ele foi elogiado e ridicularizado, foi "potência orgástica". Um dos primeiros precursores dos terapeutas centrados na pessoa que se tornaram muito mais estabelecidos em nossa própria época, nos anos 1920, foi professor de Fritz Perls, o fundador da terapia Gestalt e terapeuta de Isadore From.

CONSELHO NÃO SE DÁ

Wilhelm Reich achava que emoções conflitantes eram armaze-nadas como tensões musculares e que os "personagens" de alguém podiam ser lidos por intermédio dessas inibições crônicas. O orgasmo, que Freud chamou de "cavalinho de pau" de Reich, era, para este, o mais crítico veículo de liberação. Não apenas as tensões musculares se dissolvem, mas o próprio ego pode temporariamente perder sua rigidez sob o encanto das relações sexuais e a surpresa do orgasmo. Essas ideias, embora não sejam mais tão misteriosas, causaram bastante controvérsia na época. Freud sentia que elas eram uma espécie de tiradas espirituosas, que psique e neurose eram mais complexas do que Reich previa. Não obstante, a personalidade e as ideias de Reich, poderosas, influenciaram meio mundo.

Em 1939, Reich foi a Nova York e montou um consultório em Forest Hills, no Queens, onde atendeu pacientes nos dez anos seguintes até se mudar permanentemente para o Maine, em 1950. Aquela mulher em minha oficina deve tê-lo encontrado em algum dia nesse intervalo de tempo. Na oficina, durante o almoço, ela contou sua história em uma mesa repleta de pessoas, e lamento não ter tomado notas na hora para reter todos os detalhes. Mas me lembro do básico. Ela estava voltando para casa, em férias da faculdade, e na estação de trem em Nova York foi acometida por uma espécie de forte ansiedade que a paralisou. No jargão de hoje, provavelmente diríamos que ela teve um ataque de pânico. Ela não podia ir para casa nem voltar para a escola, e deve ter conseguido entrar em contato com um amigo. Não lembro como, mas de alguma forma alguém conseguiu que ela fosse ver o Dr. Reich. Como aparentemente fazia com todos os pacientes, ele pediu a ela que primeiro se despisse e se deitasse nua sobre uma mesa no quarto dos fundos para que ele pudesse observá-la. Ela assentiu. Então ele lhe pediu para se vestir e depois ir falar com ele em seu consultório.

"Seu problema", Reich disse a ela, "é que você não sabe flertar. Vou lhe ensinar como fazer isso".

Reich a fez fingir que estava no metrô. Ele estava sentado em frente a ela, lendo um jornal, e ela teve que fazer contato visual com ele e flertar. Eles representaram a maior parte da sessão, e algo nela cedeu. Ela se divertia e acreditava que sua ansiedade era uma função de sua timidez sexual. Hoje, 60 anos depois, participando de uma oficina de fim de semana, ela estava confiante, carismática e vivaz. Meu filho de 20 anos de idade estava naquela mesa, e ela gracejava gostosamente com ele enquanto contava sua história. Ela obviamente sentiu que ele seria capaz de se relacionar com a história dela. A intervenção de Reich tanto tempo antes a iniciou em seu caminho. Essa mulher me contou essa história quando eu estava tentando fazer conexões entre a psicoterapia e o budismo. A intervenção de Reich a fez abrir-se às suas necessidades, ao seu desejo, ao seu corpo, à sua atratividade e à sua capacidade de alcançar os outros. Mas sua intervenção também teve um componente espiritual no sentido de ajudá-la a fazer isso fora de seu ego — fora de seu eu conhecido: colocou à disposição a promessa de menos isolamento e mais conexão. E deu-lhe permissão, quando jovem, para se afirmar de uma maneira que ela devia ter sentido ser proibida.

"O flerte", escreve o terapeuta Michael Vincent Miller, "como uma forma de arte social, é um tipo de jogo, mais especificamente um jogo de imaginação. Envolve duas pessoas fantasiando juntas sobre o que poderia acontecer entre elas sem insistir que ele ou ela saiba exatamente o que o outro tem em mente. Flertar é um meio absorvente de fazer contato, às vezes fugaz, às vezes prolongado, que deixa intangível a misteriosa incognoscibilidade do outro. É ao mesmo tempo provocativo e respeitoso".

CONSELHO NÃO SE DÁ

Olhando sob esse ângulo, há um paralelo direto com o budismo. Flertar é um exercício para criar e manter a incerteza. Bodhidharma, ao pedir o impossível, usou o flerte para afrouxar a ansiedade de Huike, assim como Wilhelm Reich fez milhares de anos mais tarde em seu escritório em Forest Hills. Ainda que isso não seja dito com frequência em termos tão rígidos, a psicoterapia, até hoje, não foge ao potencial do flerte para desencadear a mudança terapêutica.

Louise Glück, em um poema intitulado "The Sword in the Stone" (em tradução livre "A Espada na Pedra"), dá um relato vívido e pessoal desse tipo de flerte. Não há nada da energia samurai de Bodhidharma nas palavras dela, e pouco do extravagante jogo de cena de Wilhelm Reich. A poetisa, neste caso, fala com moderação do sofá de seu analista. No entanto, o sentimento inerente é, sem sombra de dúvida, semelhante.

> Meu analista olhou para cima brevemente.
> Naturalmente eu não consegui vê-lo,
> mas aprendi, em nossos anos juntos,
> a intuir esses movimentos. Como sempre,
> ele se recusou a reconhecer
> se eu estava certa ou não. Minha ingenuidade contra
> suas evasões: nosso joguinho.
> Nesses momentos, senti a análise
> florescendo: parecia trazer em mim
> uma vivacidade manhosa que eu estava
> inclinada a reprimir. Minha indiferença ao analista
> quanto ao meu desempenho agora era imensamente
> calmante. Uma intimidade
> tinha crescido entre nós
> como uma floresta ao redor de um castelo.

A descrição de Glück da intimidade como uma floresta em torno de um castelo é muito comovente. Buda, claro, saiu de seu castelo rumo à floresta circundante em busca de liberdade irrestrita. Na floresta ele se descobriu, e sua engenhosidade e exuberância floresceram plenamente. Foi onde ele retirou sua espada fincada na pedra.

Refleti sobre isso em uma série de conversas com uma antiga professora minha chamada Tori, que mora em um subúrbio não muito longe da casa que compartilhou com o marido por muitos anos. Ela tem um apartamento muito bom, mas é como residir em um campus ou viver em um mosteiro. Por mais benéfico que aquele lugar tenha sido, não é o que Tori tinha em mente para si mesma. Ela tentou ficar lá depois que seu marido morreu, mas tinha dificuldade em administrar a rotina. Contra sua vontade, mas satisfazendo aos pedidos de seus filhos, ela saiu de sua zona de conforto. Entretanto o aspecto social dessa nova situação de vida não tem sido fácil para ela. Casada há mais de 50 anos, Tori agora tem que se movimentar sozinha por uma série de novos relacionamentos. Ela sempre fica satisfeita quando telefono ou faço uma visita, e muitas de nossas conversas se concentraram nesse desafio imprevisto. Tori leva essa situação na esportiva e não deixou sua ansiedade impedi-la de se relacionar com novas pessoas. Porém, em decorrência disso, teve que lidar com um evento inesperado, que a levou a seu próprio entendimento da Ação Correta.

No auge da carreira, seu marido era o reitor da universidade em que passara sua vida profissional. Deparando-se com problemas políticos, como costuma ocorrer no mundo acadêmico, foi obrigado a deixar sua posição como reitor. Um triunvirato, composto pelo vice-diretor da universidade, pelo presidente do departamento de História e por outro administrador, havia recomendado sua renúncia. Foi uma grande decepção para ele e um constrangimento para Tori. Seu marido, fiel às suas características, não comentou muito com ninguém sobre seus sentimentos, mas Tori ficou muito magoada e com raiva. Ela culpou o vice-diretor, em particular, pela forma pouco cerimoniosa e indelicada com que seu marido foi comunicado. Tinha sido uma surpresa completa. Era como se uma tempestade passasse por suas vidas e as deixasse em destroços. O marido de Tori permaneceu na universidade e, com dificuldade, obteve para si um espaço respeitado, trabalhando até os 81 anos de idade, quando adoeceu e faleceu. Ele parecia ter feito as pazes com tudo, mas Tori nutria sentimentos amargos por ambos.

Por obra do acaso, o local de residência de Tori era repleto de professores idosos. Lá morava aquele chefe do departamento de História quando Tori ocupou o apartamento. E agora, alguns anos depois, o ex-vice-diretor também mudou-se para a comunidade. Ele era alguém que Tori e seu marido conheciam bem, e com quem pararam de falar depois do infortúnio que acometera seu marido. Para Tori, aquilo era como um filme de terror, o retorno de algo reprimido. Ali estava ela, trancada naquele lugar, sem condições de evitar o desconfortável lembrete de um dos aspectos mais dolorosos de seu passado. Não demorou para que ela fosse convidada para um jantar em que ele estaria presente.

Nos Estados Unidos, jantares em complexos residenciais de aposentados são eventos sociais importantes, tais como almoços no ensino médio ou ceias na faculdade. Moradores fazem planos para sentar-se à mesma mesa. Há toda uma etiqueta a cumprir. Quem não participa da vida social é marginalizado. Faz sua refeição sozinho ou é colocado em mesas com pessoas com demência incipiente. Tori, depois de se irritar com essa nova realidade, tornou-se hábil em agendar suas refeições com pessoas de quem gostava. Se ela tentasse evitar o vice-diretor, sofreria socialmente, mas sua filha insistiu para que ela engolisse seu orgulho.

"Seja polida é vá ao jantar com ele", ela aconselhou.

Tori concordou, e para seu alívio, a primeira noite com ele foi boa. Não conversaram nada além de trocar gentilezas, mas parecia que um obstáculo havia sido ultrapassado.

No dia seguinte, contudo, quando verificava a caixa de correspondência, o vice-diretor surgiu atrás dela. A caixa postal dele ficava bem embaixo da dela.

"Tori", disse ele. Tensa ao som daquela voz, ela aguardou que ele continuasse. "Eu queria falar com você sobre Joe."

Foi bom da parte dele dizer algo a ela, pensei quando ouvi a história. Bom ele quebrar o gelo. Tori esteve no jantar com ele e agora ele falava com ela sobre o marido.

"Ele era um homem bom no trabalho errado", ele disse.

Eles tiveram uma conversa ali mesmo na sala de correspondência, uma conversa que nunca teria acontecido a não ser pela coincidência de os dois acabarem morando no mesmo local. Tori ficou abalada, mas também aliviada. Ela finalmente teve a chance de dizer algo àquele homem sobre o que havia acontecido. Ela disse a ele como era injusto não dar a Joe uma chance. Sua demissão veio tão de repente; havia sido um choque tão grande! Não houve nenhum aviso; o marido acreditava estar fazendo um trabalho decente.

O vice-diretor surpreendeu-se com as palavras de Tori.

"Tivemos pelo menos três conversas anteriores a respeito", disse ele. "Eu disse a Joe que as coisas não estavam indo bem. Houve problemas políticos. Ele teve uma chance real de mudar o que estava ocorrendo."

Tori percebeu então que seu marido havia omitido tudo isso dela. Mesmo depois de destituído do cargo de reitor, ele não lhe contou sobre os avisos anteriores que havia recebido. Essa informação a desorientou. Sua versão anterior dos acontecimentos — aquela que a definira e, em sua mente, definira seu marido — estava agora aberta a questionamentos. Ela vinha contando a si mesma essa história em particular há anos, guardando rancor pelo bem de Joe, mas agora havia um grande buraco naquela história. Aliviada do peso de sua explicação, um sentimento de humildade surgiu para tomar seu lugar. Pensei que ela poderia ficar com raiva de seu marido por ocultar a verdade dela, mas ela parecia sentir apenas compaixão. Ele não queria deixá-la ver sua vergonha.

"Um homem bom no trabalho errado", tinha dito o vice-diretor.

Ela compreendeu o que ele quis dizer.

Tori, ao acatar a proposta de conversa oferecida pelo vice-diretor, me fez lembrar de uma história budista sobre dois monges atravessando um rio. Os dois homens encontram uma jovem que tem dificuldade para chegar à margem oposta. Um dos monges, apesar de seus votos de nunca tocar uma mulher, carrega-a até o outro lado do rio. Ao reencetarem o caminho, o outro monge, aquele que manteve seus votos e não tocou a mulher, repreendeu severamente seu amigo excessivamente benevolente.

"Como você pôde fazer isso?", pergunta ele. "Você sabe que tocar uma mulher é contra nossos votos. E você a estava segurando."

AÇÃO CORRETA

"Eu já a coloquei no chão há muito tempo", responde o primeiro monge. "Você ainda a está carregando."

Sempre adorei essa história. O monge que carregou a jovem, ao quebrar seus votos, fez o que era necessário no momento. Ele ficou tocado com o problema de uma pessoa necessitada e adotou a Ação Correta. O outro monge, afetando superioridade moral, embora agindo ao pé da letra, era o mais apegado dos dois. Ao seguir estritamente as regras, ele procurava segurança, em vez de atentar para o que a situação pedia. Sua severidade inconsciente estava estruturando sua resposta e, podemos inferir, mascarando sua inveja do contato casual de seu amigo com a mulher lutando para atravessar o rio. Mesmo depois que o companheiro a colocou em terra firme, o segundo monge ainda estava obcecado por ela. Embora se esforçando para ser um bom budista, ele estava inadvertidamente revelando o quão difícil era para ele "deixar ir".

Contos budistas costumam tocar nessa questão. Entorpecemos nossa vida ao nos esforçarmos para controlar absolutamente as coisas. A alegria da expressão criativa vem de surpresa. Caso vivamos nossa vida como o monge excessivamente severo, pensando apenas nas regras, passaremos por ela com os olhos fechados. Se pudermos ser abertos, como o primeiro monge, descobriremos que a imprevisibilidade da vida é repleta de desafios interessantes e revigorantes. Esses desafios nos envolvem de maneiras inesperadas e imprevistas e abrem a oportunidade de respondermos a eles com liberdade, de uma forma não roteirizada. Ação Correta é mais do que apenas reação. Ela surge de uma sintonia com o momento em que os limites da convenção são imprecisos.

A disposição de Tori para conversar com o vice-diretor era a mesma do monge a carregar a mulher para o outro lado do rio.

Foi contra seus votos, mas ela o fez. Em vez de se agarrar ao ressentimento, ela se distendeu, adaptando-se ao que o momento exigia. Deu um passo para trás, e o fardo desnecessário de ser um cônjuge ofendido caiu no chão. Algo nela aliviou-se. Sua mente, que carregava essa ansiedade por tanto tempo, foi ao menos momentaneamente pacificada. O relacionamento com o marido, que aparentemente havia chegado ao fim, estava de repente vivo novamente. A Ação Correta, nessa situação, significava restringir seus impulsos iniciais e se envolver com o vice-diretor. Ainda que não se possa definir sua conversa íntima com ele como um flerte, ao agir assim ela estava, com certeza, flertando com o desastre. Suas próprias e fortes interdições interiores contra isso e sua lealdade ao marido poderiam ter abortado a conversa. Mas ela não deixou sua hesitação prevalecer. Ao ter seguido o conselho da filha, ela teve uma conversa surpreendentemente aberta com alguém que não conhecia tão bem quanto pensava. A floresta avançou para um pouco mais perto das muralhas do castelo.

Cinco

MODO DE VIDA CORRETO

Modo de Vida Correto é o terceiro item da trilogia ética, que começou com Fala Correta e Ação Correta. Significa, tradicionalmente, evitar algumas das piores qualidades dos seres humanos: as que envolvem ludibriar ou explorar. Exemplos da época do Buda incluem comércio de armas, compra e venda de seres humanos, matança de animais, venda de drogas ou outros produtos intoxicantes e a fabricação ou distribuição de venenos. Como esses exemplos antigos sugerem, as coisas não mudaram muito. Há quem faça grandes fortunas com as atividades contra as quais o Buda advertiu, embora existam algumas variações modernas, como o comércio de hipotecas *subprime* (de alto risco), que ele nunca poderia ter imaginado. O Modo de Vida Correto, desde que foi estabelecido, pede às pessoas que considerem a ética na maneira como ganham dinheiro. Tal como acontece com a Ação Correta, a ideia original era proteger a comunidade budista de seus próprios impulsos corruptores mediante um conjunto explicitamente declarado de princípios morais. Por mais satisfação que ganhar dinheiro à custa de outras pessoas possa trazer, Buda era sensível ao custo velado que isso impõe à mente. Ao introduzir um conjunto claro de preceitos morais no Caminho Óctuplo, ele estava salvaguardando sua comunidade por dentro e por fora. Sua ação ocorria em meio a uma época de grande expansão mercantil no sul da Ásia, quando se podia ganhar muito dinheiro. O Modo de Vida Correto sugere que esse é um assunto ao qual vale a pena prestar atenção.

Ao encorajar a reflexão sobre a vocação, o Modo de Vida Correto traz uma série de perguntas provocativas. Que lugar o trabalho ocupa em minha vida? O que me motiva? Tenho dúvidas éticas sobre meu trabalho? Meu jeito de ganhar dinheiro me define? Meu salário reflete precisamente meu valor? Buda disse que a maioria das pessoas é motivada pelo que ele chamou de oito preocupações mundanas: ganho e perda, prazer e dor, louvor e culpa, fama e desgraça. Ele teve o cuidado de não julgar as pessoas por essas preocupações, não obstante tenha advertido que todas elas vêm e vão. Apesar de sua relativa impermanência, Buda, em seus discursos, refere-se a muitas delas com o maior respeito. A certa altura, Buda observa que há quatro tipos de felicidade que um chefe de família deve buscar — "propriedade, riqueza, ausência de dívidas e probidade" —, e em outro momento diz que há cinco coisas que são "muito desejáveis, mas difíceis de obter: vida longa, beleza, felicidade, glória e uma boa condição para reencarnações". Buda era realista sobre a natureza humana e compreendeu que a maioria de nós subscreve, conscientemente ou não, um conjunto de explicações predefinidas sobre por que fazemos o que fazemos. A mais importante delas, quando se trata do modo de viver em termos de subsistência, é o dinheiro.

As pessoas não falam com facilidade a respeito de dinheiro quando em terapia, nem, em geral, é um assunto sobre o qual aconselho. As pessoas se sentem muito mais confortáveis, nestes tempos pós-vitorianos, falando sobre sexo do que sobre dinheiro. Elas preservam os detalhes relativos às suas finanças com mais denodo do que suas fantasias eróticas. Em meu aprendizado como psiquiatra, fui ensinado a trazer à tona todos os assuntos de negócios envolvendo um paciente — uma conta vencida, um aumento de honorários, um valor a receber pendente — logo no início de uma sessão. Tratar desse assunto e tirá-lo da frente possibilita suavizar a conversa a partir daí. Permitir que o dinheiro se infiltre em um tratamento, deixando que questões monetárias o infeccionem, constitui uma maneira segura de sabotar a terapia de alguém. Porém, ainda que isso não seja um problema no consultório, o dinheiro continua sendo um assunto importante na mente da maioria das pessoas. Ele é um dos principais parâmetros que temos para medir nossa autoestima. Na medida em que é objeto de autopreocupação e um modo de comparar o próprio ego com o dos outros, diz exatamente o quanto nós "pesamos". O Modo de Vida Correto nos encoraja a fazer disso um tema legítimo de investigação meditativa, não apenas um assunto de ruminação privada. O dinheiro é uma coisa complicada para a maioria de nós. Muitas pessoas fazem do poder aquisitivo o foco central de sua vida, mas algumas pessoas, com tendência a subvalorizar-se, têm dificuldade em reconhecer o quão importante ele realmente é. Ambos os tipos de problemas emergem na terapia.

O Modo de Vida Correto nos pede para prestar atenção às oito preocupações mundanas e tentar encontrar um lugar de equilíbrio dentro delas. Perseguimos o louvor, o lucro, o prazer e a fama como se fossem as coisas mais importantes do mundo — como se, uma vez obtidas, as abraçássemos fortemente para que durassem para sempre. Fazemos de nossos fracassos os pilares de nossa baixa autoestima? Somos os juízes de nós mesmos quanto a evitar a dor e a perda? Se permitirmos que nossa identidade repouse somente em tais coisas, estamos destinados à decepção. Há sempre alguém mais rico, mais famoso, mais reconhecido ou mais realizado do que nós; há sempre alguém com mais "likes" nas redes sociais. O esforço para manter status, riqueza, juventude, posição, beleza, reconhecimento ou prestígio pode ser uma fonte inesgotável de consternação. E a autocrítica que sobrevém em decorrência da perda inevitável, da dor, da culpa e da desgraça pode nos atormentar por toda a vida.

Buda fez do Modo de Vida Correto a peça central do Caminho Óctuplo. Mesmo aqueles que renunciaram às suas ocupações e se uniram à ordem budista não foram poupados de suas preocupações. Como parte de seus votos, por exemplo, os seguidores ordenados de Buda eram convidados a sair todas as manhãs para pedir comida nas cidades e vilarejos vizinhos. Era uma parte importante da vida cotidiana, um elemento essencial de seu sustento. Em virtude de sua dependência das comunidades locais para sua alimentação diária, eles eram, na verdade, tidos como mendigos, ou pedintes, em vez de monges. Para Buda, essa conexão com o mundo exterior era importante. Ele não queria que seus *bhikkhusw*, como eram conhecidos, perdessem contato com o lugar de onde tinham vindo ou pensassem que uma vida dedicada à reflexão interna os liberava das preocupações do mundo exterior. Os mendicantes eram uma força civilizatória em sua sociedade, um lembrete das alturas espirituais que um ser humano poderia alcançar se estivesse livre da necessidade de sustentar uma família. Eles representavam um ideal ético e espiritual. A comunidade, por sua vez, também era uma força civilizatória para os mendigos. Estes tinham que explicar sua filosofia e estilo de vida para os habitantes da cidade enquanto perambulavam entre eles. Precisavam ter algo a oferecer em troca de sua esmola diária, e assim se tornaram professores da psicologia de Buda, adaptando-se às necessidades daqueles que os alimentavam. Seu sustento dependia de sua capacidade de manter um relacionamento frutífero com a população local. Eles foram alguns dos primeiros psicoterapeutas do mundo.

O Modo de Vida Correto, em minha opinião, se inspira nisso. Ele nos pede para cuidar da qualidade de nossas interações e não apenas ficarmos ouvindo quão bem-sucedidos o mundo diz que somos. "O Modo de Vida Correto tem a ver não só com o que fazemos, mas também com como fazemos", escreve Joseph Goldstein. Como tem a ver com nosso comportamento no mundo, também pode ser pensado como Viver Corretamente ou Relacionar-se Corretamente. Muitas pessoas ignoram esse aspecto das coisas. Consideram ganhar a vida como sua tarefa essencial e ficam incomodadas com a intrusão das exigências conflitantes da vida cotidiana. Para tais pessoas, qualquer coisa que contrarie sua missão principal é tida como um estorvo, algo indigno delas, fora do que é significativo, e um atraso de vida. O Modo de Vida Correto sugere que o dinheiro não é a única moeda à qual vale a pena prestar atenção. Isso sugere que muitos de nós estão presos a um modo de pensar convencional que dá muito pouca importância à maneira como realmente nos comportamos. A dimensão ética do Modo de Vida Correto não tem que ficar limitada a uma proibição no comércio de armas, drogas ou seres humanos. O Modo de Vida Correto nos encoraja a sermos eticamente conscientes de como interagimos e como nos relacionamos — não apenas com nosso nível de realização.

CONSELHO NÃO SE DÁ

Muitas pessoas acham esse ensinamento essencial de Buda difícil de engolir. Quando buscam a meditação, é com uma esperança não tão secreta assim de ganhar uma vantagem competitiva em seu trabalho. Não anseiam ver a qualidade de suas interações ou o egoísmo oculto de suas motivações internas. Sinto-me recompensado quando a meditação ajuda a pessoa a tornar-se mais eficiente, mais relaxada, mais sintonizada ou mais criativa, no entanto, sei que essas são realizações temporárias, suscetíveis de serem cooptadas pelo ego como se não o fossem. O Modo de Vida Correto nos pede para não ficarmos satisfeitos com as realizações superficiais da meditação. Estão por completo nessa linha as advertências do Dalai Lama para "ter uma vida" e de Munindra para "viver a vida plenamente". O Modo de Vida Correto nos solicita que levemos a compreensão meditativa para *dentro* do mundo, assim como os monges e monjas budistas originais faziam em suas rondas pedindo esmolas. Ele questiona se o dinheiro precisa ser o padrão ouro de nosso valor, se o modo como vivemos tem a ver apenas com o acúmulo de riqueza e prestígio. Há muito trabalho a ser feito que não se encaixa nesse modelo.

Pensei nisso recentemente quando trabalhei com uma talentosa artista plástica chamada Glória, cujo trabalho está nas coleções do Museu Whitney e do Museu de Arte Moderna de Nova York. Glória goza de enorme prestígio, e é frequente ver suas obras e instalações em museus ou coleções particulares. Ela foi escolhida para residências em algumas das colônias de artistas mais renomados do mundo e recebeu vários prêmios de fundações importantes. Mas mesmo nesse nível de conquista, é difícil para Glória sentir-se realizada. Artistas masculinos são consistentemente mais respeitados

— e recompensados — do que ela, e não obstante por quanto seu trabalho é vendido ela precisa pagar seus assistentes, o aluguel de estúdios e os custos de fabricação, e ainda dividir com sua galeria quaisquer receitas geradas lá. A fim de complementar sua renda, Glória às vezes viaja para casas de colecionadores individuais para instalar suas peças nelas. Embora isso pareça não ser nada do que reclamar, para Glória tornou-se uma espécie de provação e aflição.

Quando ela começou a fazer instalações particulares, animou-se. Viajou para lugares como Aspen, Santa Fé, Vale do Sol, Palm Beach e Jackson Hole para selecionar locais nas residências de colecionadores onde colocar suas instalações. Ela tinha que fazer grande parte do trabalho no local — levava cerca de uma semana para acertar tudo. Depois de alguns anos, essas visitas começaram a deixá-la cansada. Ela não gosta de ter que conversar com os colecionadores ricos (que invariavelmente são amigáveis e a apoiam) e não gosta de ficar longe de seu companheiro, cachorro, jardim, casa e estúdio. A natureza repetitiva dessas situações começou a bater, e ela se sente constrangida pela vida que criou a fim de apoiar sua prática criativa. Ela precisa desses empregos, mas se ressente deles. Depende desses colecionadores, porém não quer estar perto deles. Com frequência, acha que artistas masculinos em seu nível de realizações têm mais facilidade. Eles são mais bem tratados e remunerados, e não se espera deles que segurem as mãos dos colecionadores da mesma maneira. Uma das coisas que ela mais gosta em ser artista é trabalhar sozinha em seu estúdio. Agora precisa passar semanas nas casas de outras pessoas instalando peças nas quais já havia pensado. A alegria de criar um trabalho novo ficou em segundo plano na vida profissional de uma artista de sucesso.

CONSELHO NÃO SE DÁ

Em uma de minhas últimas conversas com Glória, ela estava em Bainbridge Island, no estado de Washington, na casa de um colecionador que enriquecera por ter sido um dos primeiros a investir na Microsoft. Concordei em ter uma série de conversas telefônicas com ela nesse período. Conheço-a muito bem e já a tinha ajudado antes a equilibrar as coisas em situações parecidas. Eu compreendia sua condição. Ela é uma artista séria, e o trabalho da instalação, apesar de desafiador de algumas maneiras intrigantes, não lhe despertava grande interesse. E apesar da gentileza e generosidade de seus anfitriões, Glória se sentia sobrecarregada pela atenção que exigiam dela.

Enquanto conversávamos, comecei a pensar em meu pai, que era médico. Foi um dos primeiros judeus em sua escola de Medicina e tinha uma caixa, da qual só fomos saber depois que ele morreu, cheia de medalhas e prêmios de seus anos no ensino médio. Mas, por mais ambicioso que fosse, raramente deixava que isso interferisse em sua preocupação com seus pacientes.

Na década de 1960, por exemplo, quando ele era professor visitante em um hospital do Harlem, agora desativado, surpreendeu a equipe, predominantemente branca, desse hospital universitário ao sentar-se nas camas dos pacientes mais doentes e indigentes durante suas rondas matinais. Ele os tocava, examinava, cuidava deles, ouvia suas histórias de vida, sempre com o maior respeito. Um colega me disse que aquela conduta tão singular havia mudado a cultura do hospital nos anos subsequentes. Os médicos que haviam mantido seus pacientes à distância e não tinham nenhum interesse financeiro pessoal em cuidar deles podiam ver o que estava faltando para aqueles pacientes. E perceberam o que lhes estava faltando também.

MODO DE VIDA CORRETO

Contei a Glória sobre essas associações quando estávamos ao telefone. Ela entendeu aonde eu queria chegar.

"Os mais pobres entre os pobres", ela exclamou. "Preciso ter cuidado com isso!"

Glória estava depreciando a situação em que estava, vendo-a como indigna dela ao mesmo tempo em que criticava a si mesma por "sujar-se" ao aceitar o dinheiro que ela proporcionava. Ela se via competindo com seus pares do sexo masculino, e se ressentia do esforço extra a que era obrigada e à menor compensação que lhe era oferecida. Sua aversão, sua inveja, suas opiniões e o resultante desgosto consigo mesma a impediam de se entregar ao trabalho integralmente. Ela me fez recordar de minha própria fuga apressada de meu dia de dar aula no Open Center, muitos anos antes. Minha inclinação, naquela oportunidade, era permanecer na segurança de meu próprio mundinho, em vez de me dispor a executar a tarefa em mãos. O Modo de Vida Correto pedia que Glória se conscientizasse de suas próprias prerrogativas para que pudesse responder de maneira menos esquematizada. Ela estava correta em sua percepção de como o mundo da arte favorecia os homens, mas isso não justificava necessariamente sua atitude em relação aos colecionadores. Ela poderia confrontar seus preconceitos da maneira que meu pai indiretamente encorajou os médicos locais a examinarem os pacientes deles? Ela poderia passar por si mesma e ter mais solicitude?

Glória teve uma mudança real de posicionamento íntimo após nossa discussão.

"Também sou a mais pobre entre os pobres!", exclamou ela. Glória não estava equiparando o sexismo do mundo da arte com o racismo de Nova York na década de 1960, embora pudesse fazê-lo. Ela não se via como uma paciente negligenciada no hospital. Estava

CONSELHO NÃO SE DÁ

reconhecendo a escassez interna que vinha de sua própria retenção. Como os médicos do hospital do Harlem, anos atrás, Glória estava se privando da alegria de dar. Deu-se conta disso em seu súbito reconhecimento de ser também a mais pobre entre os pobres. Ligada na riqueza que procurava, sua vida interior era acometida pela pobreza, e isso foi um verdadeiro divisor de águas para ela. Em vez de se manter distante e se ressentir de sua situação, sentiu um frêmito de humildade. Como a mais pobre entre os pobres, ela merecia o mesmo tipo de compaixão que estava negando a seus colecionadores.

"Você me deu uma grande explosão de energia", ela me disse em um telefonema de acompanhamento. "Comi um jantar simples, sentei e conversei com meu colecionador e seu marido e fui para a cama cedo. Ao menos dessa vez foi tudo bem."

Ao dar atenção a seus patronos, Glória foi capaz de colocar a si mesma — e sua preocupação com seu sustento — de lado por um tempo. Isso tornou tudo mais fácil e fez com que ela trabalhasse com mais facilidade. Deixou de se comparar com outros artistas mais bem-sucedidos e ficou surpresa ao descobrir que não estava se sentindo tão mal consigo mesma. Seu meio de ganhar a vida, em vez de assumir o papel de torturador, ficou mais em perspectiva. Sua ambição não diminuiu, apresso-me a salientar, mas seus ressentimentos sim. Glória percebeu que havia alguma razão, algum propósito, para se render aos aspectos indesejáveis de sua profissão. Havia algo que ela poderia aprender alongando-se, tanto interpessoal quanto artisticamente. Como resultado, um poço de generosidade anteriormente inexplorado começou a surgir.

Essas conversas com Glória me lembraram de uma história famosa da época de Buda. Embora não seja uma história sobre um artista, ou sobre uma mulher, tem muito a ver com o potencial do

MODO DE VIDA CORRETO

Modo de Vida Correto definir uma pessoa diretamente. A história é a seguinte. Certa vez, durante seus anos de ensino, quando Buda estava no campo, foi aconselhado, em termos inequívocos, a não sair andando por aí sozinho. Um famigerado bandido, um assassino chamado Angulimala, havia sido visto nas imediações. Tratava-se de um indivíduo assustador, e o medo dos seguidores de Buda era justificado. Angulimala havia feito do banditismo uma profissão. Havia prometido decepar e colecionar mil dedos e, segundo se falava, já havia chegado a 999. Desconsiderando todos os conselhos, Buda aventurou-se pelos arredores. Ao ver Buda de longe, Angulimala, armado, começou a persegui-lo. Mas não importava quão rápido ele se aproximasse de Buda, a distância entre eles permanecia a mesma. Algum tipo de magia os mantinha separados. Isso continuou até que Angulimala ficou cansado e contrariado. Nada parecido com aquilo já havia acontecido com ele antes.

Exasperado, ele parou e gritou para Buda: "Pare, eremita! Pare."

Continuando a caminhar, Buda respondeu: "Eu já parei, Angulimala; pare você também."

A resposta paradoxal de Buda enervou completamente o famoso bandido.

"Enquanto anda, você me diz que parou, mas agora, quando parei, você diz que eu não parei. Qual o significado disso? Como você parou e eu não?"

Buda precisou empregar seus poderes sobrenaturais para fazer com que Angulimala repensasse o modo de vida que havia escolhido. Uma vez tendo a atenção dele, citou a si mesmo como exemplo. Explicou como havia parado de se apegar a seu exagerado senso de importância pessoal, que não estava mais preocupado com as oito preocupações mundanas e havia extinguido o fogo da ignorância, da ganância e da raiva. Não mais comandado por seu ego, ele não teve que atacar ou defender; podia apenas ser. Buda falou de forma tão convincente que o assassino, que nunca imaginara ser outra coisa, parou. Vestiu o manto e implorou por uma tigela da ordem budista, e apesar das críticas de alguns fiéis, tornou-se um membro confiável da comitiva do Buda.

Essa narrativa vem muitas vezes à minha mente quando questões de trabalho e família colidem. Assim como as expectativas de Glória para sua carreira a mantinham em estado de isolamento e agitação, a noção de centralidade que muita gente tem sobre seu trabalho as mantém afastadas das pessoas de que mais precisam. Quando Glória deixou de lado seu ressentimento com relação a seus patronos, transformou-se na melhor embaixadora de sua arte. Ao superar a si mesma, passou de um sentimento familiar de ter direitos a um sentimento não familiar de compaixão. Ao contrário de Angulimala, ela não precisava renunciar à profissão que escolheu e usar vestes de monge, mas mesmo assim fez uma mudança importante no modo como vivia sua vida.

Outra paciente minha, Kate, fez uma mudança semelhante. Ela também descobriu que a junção do budismo e da terapia a ajudou a se recuperar. Penso em Kate no contexto do Modo de Vida Correto porque seus problemas também se centraram em um sentimento de privilégio associado a seu trabalho. No entanto suas dificuldades não surgiram na atividade profissional; elas ocorriam em casa.

Kate trabalha 45 horas por semana na área administrativa de uma firma de arquitetura no centro da cidade. Seu namorado, com quem mora em um pequeno apartamento em Fort Greene (um bairro de Nova York), está aposentado. Ele se encarrega de muitas das tarefas domésticas enquanto ela está no trabalho: lavanderia, compras, e com frequência prepara as refeições. É comum ela encontrar um grande jantar quando retorna do trabalho — mais do que ela realmente precisa, diz. Mas os padrões de limpeza do namorado de Kate não combinam com os dela. Um dia desses ela chegou exausta do trabalho e encontrou o apartamento em desordem. A mesa da cozinha, de vidro, estava cheia de jornais e xícaras de café vazias, a cama desarrumada, havia roupas espalhadas pelo chão do quarto, e quando ela foi ao banheiro, encontrou a tampa da pasta de dente em um canto e o tubo em outro. Essa foi a gota d'água! Com raiva, disse algo ruim para ele, algo sobre a pasta de dentes e como ele não estava nem aí. Quantas vezes ela teve que lhe pedir para fazer o mais simples? Levaria uns poucos segundos para fechar a tampinha. Isso seria esperar demais?

Kate morava com ele há mais de dez anos. Haviam passado por muita coisa juntos, e apesar das tensões em seu relacionamento, encontravam conforto e amparo um no outro. Eu já sabia, quando do Kate começou a me contar sua história, onde aquilo pararia. O namorado de Kate também era temperamental e explodiu. Ela terminou a noite no banheiro tentando se acalmar fumando um cigarro, algo que ambos haviam concordado que ela não faria em casa. Eles conseguiram impedir que a briga continuasse, mas não se falaram pelo resto da noite. Na manhã seguinte, comportaram-se civilizadamente, e Kate saiu para sua consulta comigo. A tensão nela ainda era óbvia, e ela estava muito indignada quando me contou o que havia acontecido.

Eu tinha conhecimento de confrontos anteriores muito mais sérios do que isso em seu relacionamento, e tenho certeza de que ela estava esperando minha compreensão amiga. Mas não foi o que ofereci. Em minha opinião, o apego de Kate em ser a provedora da casa a fazia criticar desnecessariamente o namorado. Afinal, ele estava tentando fazer sua parte, ao menos em alguns aspectos importantes. Ele cozinhava, fazia compras e obviamente estava lá, esperando-a voltar do trabalho. No entanto Kate achava que seu namorado não lhe dava apoio suficiente — ela precisava trabalhar duro, economizar dinheiro para a aposentadoria e merecia voltar para um apartamento que não fosse uma bagunça só.

"E por que você mesma não faz isso?", perguntei. "Se leva apenas alguns segundos, por que não arrumar quando você chega primeiro em casa e derrama uma taça de vinho ou algo assim? Sei que não é justo, mas seria muito menos doloroso do que isso."

Kate não concordou imediatamente comigo — nem tenho certeza de que, depois de quase uma hora falando nesse assunto, ela o tenha feito —, mas ela me ouviu. O namorado dela tinha seus pontos fortes e fracos. Ele não estava exatamente se esquivando das tarefas domésticas, mesmo que fosse improvável que tudo estivesse arrumado antes de ela chegar em casa. Ela poderia continuar com sua noção do que era justo ou certo e tentar levá-lo a compreender seu ponto de vista, ou poderia parar. Ela poderia até fazer a coisa inaceitável de assumir as tarefas sozinha.

"Não sou sua empregada", ela gritou para ele antes de se refugiar no banheiro, e eu sabia que ela ouviria meu conselho como em desacordo com a promessa que fez a si mesma de não se tornar apenas isso. Por ser uma mulher, ela deveria recolher as coisas pela casa?

"Você não é minha mãe", ele gritou de volta. Nada disso contribuía para o relacionamento deles, pensei comigo mesmo.

Ao dar meu conselho a Kate, pensei em minha própria casa. Minha esposa pode não concordar comigo, pois não me sente como alguém para quem uma casa limpa é uma prioridade, mas eu realmente gosto quando a casa está limpa quando volto do trabalho. Nos dias em que chego e não há mais ninguém, geralmente coloco tudo em ordem antes de fazer qualquer outra coisa. Separo a correspondência, limpo a mesa da sala de jantar, guardo os jornais velhos, dobro as mantas no sofá, coloco os pratos e talheres sujos na máquina de lavar louça, tiro da geladeira o que tiver estragado e passo um pano úmido nas bancadas. Se minha esposa está em casa, fico muito mais propenso a não fazer nada, imaginando, assim como parecia a Kate, que não é minha responsabilidade, se alguém já está lá. "Por que é mais fácil para mim fazer essas tarefas domésticas simples sem ressentimento quando estou sozinho?", me perguntei. Qual é o significado, se é que existe algum, desse meu comportamento? Compartilhei essas reflexões com Kate, e foi útil para ela ouvir sobre minha vida doméstica. Isso ajudou a dar uma dimensão mais ampla à conversa no sentido de saber o que tudo aquilo significava.

Tão bom quanto teria sido voltar para casa e encontrá-la limpa, Kate estava dando sentido à bagunça que não estava necessariamente lá. Poderíamos resumir da seguinte forma: se o namorado realmente se importasse com ela, teria tempo de arrumar as coisas antes que ela chegasse em casa. Embora entendendo seu ponto de vista (que pode até mesmo ser válido), eu não concordei. Kate estava se fazendo sofrer mais do que precisava. Já era ruim o suficiente voltar e se deparar com uma casa bagunçada; muito pior seria voltar para uma casa bagunçada habitada por um namorado que não se importava com ela.

"Apenas recolha as coisas ao chegar em casa e deixe para lá", sugeri.

Estaria eu apenas reforçando algum tipo de estereótipo negativo de um budista com laivos de masoquismo ou estoicismo? Eu estava prestando um serviço ou me rendendo a meu próprio medo de confronto, ou agindo como um freio à agressão saudável de Kate? Ela não tinha o direito de satisfazer suas próprias necessidades? Lutei internamente com esses tipos de perguntas, inclusive quando dizia a Kate o que eu pensava. Mas me senti forte o suficiente a respeito disso para contar a ela.

Em minha cabeça estava a resposta de Buda ao famigerado bandido: "Eu já parei, Angulimala. Pare você também." A mente de Kate estava fazendo um pedido muito razoável. Sua indignação era compreensível, e a demanda em relação ao namorado não era radical. Custava ele simplesmente arrumar as coisas antes de ela chegar em casa do trabalho? Isso era realmente muito a pedir? Porém sua mente estava impondo à situação um significado específico que a subjugava. O budismo nos ensina a examinar cuidadosamente essas situações. Será que somos como Angulimala, nos adornando com os dedos decepados de nossas vítimas enfileirados no colar de nossos ressentimentos? Ou podemos ver adiante de nossos próprios pontos de vista? O orgulho, como muitas vezes se diz, é o último obstáculo para a iluminação. Ao acreditar nos antigos psicólogos budistas, muitas outras emoções difíceis — raiva, ciúme e inveja entre elas — são mais fáceis de serem trabalhadas do que o orgulho. Mesmo entre pessoas espiritualizadas muito talentosas desde há muito se reconhece a tendência de se compararem com os outros. Se o budismo pode nos ensinar algo útil, é afrouxar os apegos que temos à nossa própria indignação.

"Como você usa a meditação em seu relacionamento?", perguntei, muitos anos atrás, a um velho amigo em Boston, um estudante zen de longa data chamado Richard Barsky, antes de sua prematura morte devido a um câncer, quando ele era uma das únicas pessoas casadas que eu conhecia.

"Deixando para lá mesmo quando sei que estou certo", ele respondeu.

Algum dia, quando minha esposa ler isso, revirará os olhos. Não me esqueço dessa breve conversa. Deixar para lá, mesmo quando você sabe que está certo, não é algo ruim para se ter em mente. A maioria de nós não reconhece quando nosso ego está segurando as rédeas em nosso comportamento. Nos sentimos justificados em nossas opiniões e expectativas. O Modo de Vida Correto, ao mesmo tempo em que nos encoraja a refletir sobre como ganhamos dinheiro e como estruturamos nossa vida, também pode nos ajudar a questionar nosso senso intrínseco de privilégio. Deixar para lá mesmo quando você sabe que está certo é um desafio tão grande quanto o que Buda fez a Angulimala. Isso ajuda a trazer para casa as lições do Modo de Vida Correto.

Nesse mesmo sentido, há outra cena famosa na vida de Buda. Horas antes de sua iluminação final, quando ele batalhava contra seu ego, seus algozes disparam rajadas de flechas contra ele. Algumas pessoas interpretam essa artilharia como representando os inimigos internos de raiva, intolerância e orgulho, enquanto outros a veem como um símbolo da raiva de inimigos externos. Qualquer que seja a interpretação, o resultado é o mesmo. A chuva de flechas se transforma em uma chuva de flores ao cair sobre ele. Elas não ferem Buda, cuja sabedoria espelhada superou seu ego. O poder de

CONSELHO NÃO SE DÁ

seu entendimento transforma as flechas em inofensivos objetos de beleza. Ele as detém, como faria mais tarde com Angulimala.

Um amigo meu, o artista, escritor e curador Phong Bui, que cresceu no Vietnã e foi para os Estados Unidos quando era jovem, contou-me que, menino, sua avó budista costumava levá-lo ao célebre Thiên Mu Pagoda, na cidade de Huê, a estrutura religiosa mais alta do Vietnã, onde há um mural gigante pintado com esse episódio da vida de Buda.

"Por que as flechas não tocam nele?", sua avó perguntava. "Por que elas se transformam em flores?"

A resposta usual tem a ver com Buda vencer a raiva. Uma vez que ele próprio abandonou suas reações de fúria, as flechas não podem machucá-lo. A avó de Bui sofrera tremendamente nas mãos de seus sogros. Ela não era da mesma classe social, e eles a tinham ridicularizado durante grande parte de sua vida. Ela poderia ter interpretado a pintura apenas naquele nível, pois sofrera muita crueldade e sentia muita raiva justificável, mas deu ao neto uma explicação diferente.

Por que as flechas não tocam nele? — repetiu ela. "*Porque ele não está lá.*"

A avó de Bui entendeu de uma maneira profunda a fala de Buda ao dizer a Angulimala que estava parado. Buda, ao se superar, não desapareceu. De fato, sua presença tornou-se ainda mais poderosa, seu "ser", um veículo de transformação para aqueles que o cercam. Com isso, ele se tornou uma verdadeira expressão de conselho não dado. As flechas disparadas contra ele se transformaram em flores não por causa de qualquer coisa que ele disse ou fez, mas graças ao poder de sua presença. Ele havia parado seu ego, e aqueles a seu

MODO DE VIDA CORRETO

redor podiam sentir isso. Até alguém com a intenção de matar como Angulimala, tocado, foi capaz de mudar seu modo de ser.

Quando em seu melhor momento, os terapeutas podem inspirar algo semelhante em seus pacientes. Os rancores e ressentimentos que as pessoas carregam muitas vezes fazem sentido quando vistos de uma perspectiva restrita, assim como trabalhar principalmente para ganhar dinheiro e não pensar no impacto causado por aquilo em outra pessoa. Mas um terapeuta pode oferecer uma visão mais ampla. Modo de vida significa mais do que apenas ganhar a vida. Significa reconhecer que, apesar dos altos e baixos, de ganho e perda, prazer e dor, elogio e culpa, fama e desgraça — ou, na verdade, *por causa* delas —, somos todos os mais pobres entre os pobres. Como Glória percebeu, abandonada como estava em Bainbridge Island, "Os mais pobres entre os pobres. Tenho que ter cuidado com isso!"

Seis

ESFORÇO CORRETO

A representação clássica do Esforço Correto valeu-se da música para ilustrar como a ambição do ego pode sabotar seu objetivo. Um discípulo muito ativo, chamado Sona, procurou Buda em busca de ajuda e conselhos. A meditação o estava frustrando. Apesar de tentar de todas as formas, Sona foi incapaz de encontrar a liberdade que Buda enaltecia. Sona era músico de formação, tocava alaúde, e Buda usou esse fato para lhe dar instruções específicas.

"Diga-me, Sona", disse Buda, "não é verdade que no começo você não tinha habilidade para tocar um alaúde?".

"Sim, senhor."

"E me diga, Sona, quando as cordas do alaúde estavam muito tensas, seu alaúde era afinado e era fácil tocá-lo?"

"Certamente não, ó Senhor."

"Mas quando, Sona, as cordas do alaúde estavam muito soltas, seu alaúde era afinado e era fácil tocá-lo?"

"Certamente não, ó Senhor."

"Mas quando, Sona, as cordas do alaúde não estavam nem muito tensas nem muito soltas, ajustadas a um tom uniforme, seu alaúde tinha, então, um som maravilhoso e era fácil tocá-lo?"

"Certamente, ó Senhor."

"Da mesma forma, Sona, se a energia for aplicada com muita força, levará à inquietação, e se for muito frouxa, levará à lassidão. Portanto, Sona, mantenha sua energia em equilíbrio e equilibre as Faculdades Espirituais, concentrando sua atenção."

Buda estava dando uma aula de meditação para o ex-músico, ajudando-o a relaxar seu esforço para que pudesse encontrar facilidade em sua prática. Mostrava a Sona que a atenção era seu instrumento agora, que podia ser sintonizado exatamente como seu alaúde havia sido, e que era possível, e desejável, mantê-lo ajustado a um tom uniforme. Como músico, Sona sabia que essa sintonização não era uma coisa única. Um instrumento requer cuidado. Mantê-lo em sintonia é um processo contínuo, que requer um desdobramento constante de energia para mantê-lo no ponto correto. O conselho de Buda foi muito útil para Sona. Ele não precisava estar à mercê de sua ambição. Ao aprender a observar sua própria mente, descobriu que podia modular seu esforço e ajustar-se de acordo com as circunstâncias.

ESFORÇO CORRETO

Nem sempre isso é tão fácil quanto parece. Até que alguém se familiarize com o instrumento, é impossível manter um bom ritmo. Músicos não são os únicos a apreciar isso. Os atletas que já passaram por aquela fase em que sentem que tudo dará certo também têm uma compreensão intuitiva disso. Quando entram no jogo, há uma sensação de empenho vigoroso sem esforço. Embora não possam fazer com que essa falta de esforço aconteça magicamente, alguns jogadores desenvolvem um senso próprio de como fazer as coisas acontecerem. Essa percepção lhes permite se ajustarem conscientemente. Descobri que ser terapeuta é muito parecido. Em vários dias da semana, atendo de oito a dez pacientes, uma hora cada um, com apenas um intervalo. Amigos muitas vezes presumem que isso deve ser exaustivo, mas não é isso que acontece na maioria das vezes. Se estou fazendo bem meu trabalho, não tenho espaço para me debruçar sobre minhas aflições e preocupações habituais. Eu ouço de tal maneira que o tempo passa e minha energia não se esgota. Meus dias de trabalho são as férias do meu eu usual.

O psicanalista de Beckett, W. R. Bion, dizia que um bom terapeuta tem que disciplinar a mente para se libertar da memória e do desejo de alcançar a perfeição no que faz. Acho que, de certa maneira, ele estava um passo atrás nisso. Ao dar atenção a um paciente, estou automaticamente livre do peso de minhas lembranças e desejos. Não tenho que deliberada e antecipadamente deixá-los de lado; eles simplesmente se apagam quando minha consciência é cedida, de forma sustentada, à outra. Meu pensamento não cessa, mas deixo de pensar em mim mesmo, a menos que seja de alguma forma relevante para o que meu paciente está me dizendo. Mesmo tentar guardar os detalhes de uma sessão para colocar em um livro parece uma intromissão desagradável ao paciente e ao meu estado de espírito.

CONSELHO NÃO SE DÁ

Freud propôs que um analista se demorasse em um estado de atenção uniformemente suspensa e enfatizasse que esse não era um estado mental comum. Para Freud, a postura do médico deveria ser esta: "Ele deve reter todas as influências conscientes de sua capacidade de atender e entregar-se completamente à sua 'memória inconsciente'. Ou, colocando em termos puramente técnicos, ele deveria simplesmente escutar e não se importar se está mantendo alguma coisa em mente." Embora essa postura de atenção analítica seja essencial para o êxito de um trabalho psicoterápico, ao longo do tempo, os analistas, com poucas e preciosas exceções como Winnicott e Bion, acharam extremamente difícil confinar seus egos. Há uma rica literatura de terapeutas distorcendo as palavras de Freud no sentido de permitir-lhes trazer de volta seu modo usual de atenção focal, tentando se concentrar no problema a fim de oferecer uma interpretação erudita. O budismo me mostrou que a atenção uniformemente suspensa não é um ideal impossível, mas uma possibilidade muito real. Meu instrumento pode ser afinado, assim como fez Sona, o músico.

Minha parte favorita da história de Buda e o alaúde é sua lembrança do "som maravilhoso" que o instrumento tinha quando estava afinado. Buda destacava o aspecto de júbilo das coisas que resultam do Esforço Correto, algo que Sona poderia até ter esquecido em sua ambiciosa busca pela libertação. Buda obviamente queria que Sona tivesse prazer no que a alocação apropriada de sua atenção poderia trazer. Algo semelhante pode acontecer na terapia. Há no ar um som maravilhoso quando um terapeuta é capaz de ouvir sem julgamentos ou preconceitos, quando ele deixa de procurar o que já sabe, restringe sua própria necessidade de provar o quão sagaz ele é e se acomoda em um estado de alerta relaxado. Esse modo de atenção mantém os pacientes em uma condição especial que, muitas vezes, os faz alcançarem realizações não previstas. "Não deve ser esquecido", escreveu Freud em 1912, exortando seus seguidores a restringirem sua necessidade de serem hábeis, "que as coisas que se ouve são, em grande parte, algo cujo significado só é reconhecido mais tarde".

Vi isso muito claramente em meu trabalho com Debby, uma mulher vários anos mais nova que eu e que fora anoréxica no final da adolescência. Quando Debby saiu de casa e foi para a faculdade, deu uma olhada na comida que estavam servindo no refeitório e disse para si mesma: "Ora, não vou comer isso." E cumpriu. Na verdade, era o cheiro, não só a aparência da comida, que causava a repulsa. O cheiro no refeitório da faculdade era parecido com aquele que ela odiava na lanchonete do colégio. Sua família havia se mudado no meio do ano letivo, e para Debby a transição não foi fácil. Ela nunca comeu as refeições servidas em sua nova escola, mas ao menos levava seu próprio almoço. Na faculdade as coisas eram diferentes. A anorexia a dominou de forma constante e implacável, fazendo-a emagrecer até finalmente pesar uns 35kg.

Há uma força extraordinária em uma pessoa como Debby, que regularmente recusa-se a comer. Buda sabia disso quando deu seus primeiros ensinamentos sobre o Esforço Correto, porque havia uma rica tradição, na antiga Índia, de ascetas recusando todo tipo de conforto e nutrição na busca do crescimento espiritual. O Esforço Correto, como conceito, foi usado para contrabalançar a influência desses ascetas e encontrar um meio termo entre a autonegação e o materialismo desenfreado das emergentes classes mercantis de sua época. Buda traçou um meio termo ideal entre a indulgência sensorial e os rigores da auto-humilhação. Mal sabia ele que, vários milhares de anos depois, o fundador da Psicanálise apresentaria uma formulação semelhante em suas descrições de como ouvir seus pacientes. Embora interessado em encontrar um equilíbrio entre gratificação sensorial e autonegação, Freud preocupava-se sobremaneira com a sintonia fina na forma como os terapeutas podiam modular sua atenção. Eles não deveriam estar muito ansiosos para intervir, nem muito distantes e reservados. Ao descrever a atenção uniformemente suspensa, Freud apresentou sua própria versão das instruções de Buda. "Para colocar isso em uma fórmula: ele deve transformar seu próprio inconsciente em um órgão receptivo às transmissões do inconsciente do paciente." Ele usou como modelo o telefone, que havia sido recentemente inventado. Em sua formulação, Freud antecipou a noção de Winnicott de pais suficientemente bons. Muita atenção, na forma de indulgência, amplifica as ansiedades de uma criança, enquanto pouca atenção, na forma de abstinência, se transforma em negligência.

Em seus anos de faculdade, Debby nada conhecia dos ensinamentos de Buda sobre o Esforço Correto, ou mesmo da terapia, e com muito pouca ajuda seguiu em frente em sua vida adulta sob o domínio da autonegação. Após graduar-se, ela se mudou para Nova York, entrou no mercado de trabalho e, estranhamente para alguém com anorexia, gradualmente melhorou sem intervenção terapêutica significativa. A mudança para Nova York a ajudou. Lá, sentiu-se como se tivesse passado o apagador na lousa muito rabiscada: afastada de seus relacionamentos familiares, ela era livre para se reconfigurar. Um encontro casual com um amigo levou a um emprego na indústria da moda que a colocou no meio de uma comunidade de jovens. Seu peso começou a se normalizar quando se sentiu mais aceita e envolvida com as pessoas em sua nova vida.

Teve um ou outro relacionamento, depois se casou e descobriu que seus problemas alimentares, já em declínio, desapareciam enquanto ela criava seus filhos. Ela adorava ser mãe e tinha um bom e estreito relacionamento com cada um de seus filhos. Sua própria mãe ainda estava viva e morando em outro estado, mas seu relacionamento com ela cessara na época de sua anorexia, se não antes. Debby sentiu que o relacionamento entre elas, que recordava como muito próximo quando criança, nunca mais foi o mesmo. Sua mãe tinha vergonha dela, ela pensava, e lidou com a anorexia da filha principalmente ignorando a doença e esperando que ela desaparecesse. O fato de essa estratégia ter funcionado não foi o bastante para Debby. Sua anorexia recuou, mas também sua proximidade com a mãe. Sentia falta dela, mesmo nessa idade, mas raramente viajava para visitá-la.

A questão com a mãe vinha fermentando há muito tempo. Tive uma noção disso quando Debby veio me ver, vários anos antes, e insisti para que ela aproveitasse o Dia das Mães para ver a mãe. Mas era um relacionamento bem complicado. Certa manhã, Debby contou uma história confusa sobre uma conversa que elas haviam acabado de ter sobre uma próxima visita da filha adulta à casa de sua avó. Debby considerou a possibilidade de ir junto com a filha, mas não era algo fácil para ela conversar com a mãe. Em essência, Debby esperava que a mãe lhe pedisse para se juntar a elas. Ao mesmo tempo que não queria se intrometer nas coisas de sua filha, Debby não queria deixar sua mãe constrangida. Quando a mãe dela, por fim, disse algo como "Por que você também não vem?", não parecia um convite real. Soava tarde demais, não espontâneo, não parecia ser de coração.

"Parece que ela não me ama", disse Debby, magoada.

Tive certa dificuldade, de início, por levar seu nível de aflição a sério. Sabíamos que o relacionamento dela com a mãe era tenso. Conversamos muito sobre isso. Ao expor seus sentimentos atuais, Debby falava como se nunca tivesse pensado nisso antes. Por que deveria ser uma surpresa tão grande a ponto de parecer que sua mãe não a ama? Já não havíamos passado por isso? Eu precisava me lembrar do Esforço Correto para não atrapalhar o que Debby estava tentando me dizer. Minha reação inicial de "nós já sabemos disso" estava ameaçando interrompê-la ou atrapalhá-la. Só quando me contive de lembrá-la do que já havíamos descoberto, a terapia pôde prosseguir. Depois que me mantive em silêncio, Debby começou a falar de uma maneira diferente. Até esse ponto falamos muito sobre a indiferença de sua mãe. Mas agora houve uma reviravolta: Debby se culpou pela falta de sintonia e responsividade da mãe. Ela se achava fundamentalmente culpada. À medida que ela tinha dificuldade em dizer exatamente o que a tornava tão indigna de amor, ficou claro que aquela noção estava fervilhando há muito tempo.

Em situações assim, é sempre tentador ser alguém que tranquiliza e encoraja. "É claro que você não é indigna de amor!", eu queria assegurar. "Vamos manter o foco onde é preciso. Caso seus pais não tivessem sido tão centrados em si mesmos, nem estaríamos tendo essa conversa." No entanto, comentários desse tipo não teriam ajudado muito Debby. Ela poderia ter ficado grata pelo meu apoio, mas ainda presa em um lugar alienado e de autocrítica em que eu seria sutilmente rejeitado em minhas tentativas de ser positivo. Debby precisava enxergar como sua própria tendência a culpar a estava mantendo refém. Não importava, na verdade, se ela culpava sua mãe ou a si mesma: em busca de uma explicação concreta para a falha que sentia em seu relacionamento, ela, na verdade, tinha a esperança de consertar isso magicamente. Se eu me alinhasse em qualquer dos lados de seu argumento, ainda estaria reforçando um desejo impossível. Poderíamos culpá-la ou culpar a mãe dela, ou *não* culpá-la, ou *não* culpar a mãe dela, mas ainda estaríamos retrocedendo, tentando desfazer algo que já havia acontecido. Entretanto me abstive de qualquer comentário, comprometido em segurar minha língua para ver aonde as coisas iam.

No entanto minha mente seguiu um rumo inesperado: ela não estava exatamente em silêncio. A sessão de terapia de Debby ocorreu logo após uma provocante entrevista de rádio que eu havia escutado por acaso. Certa manhã, dirigindo, percorria impacientemente as estações memorizadas do rádio quando de repente ouvi uma voz familiar em um contexto não familiar. Era uma voz masculina profunda que logo reconheci como a de Bruce Springsteen. Ele falava sobre como é difícil criar filhos quando a própria infância não foi perfeita.

"Nós pegamos o que é bom de nossos pais e deixamos o resto de lado. É assim que os honramos", estava dizendo.

Fiquei impressionado com a sabedoria do comentário de Springsteen.

Havia ali um quê de budismo — uma maneira simples de falar que me lembrava do Esforço Correto. Na meditação, somos treinados a não afastar o desagradável e não se apegar ao prazer, mas aquilo era um pouco diferente. Não rejeitar os pais porque eles eram imperfeitos, não tentar forçá-los a reconhecerem suas deficiências, não rejeitar ter filhos por causa do que passamos, não se fixar nas cicatrizes que os pais criaram, não se forçar a fingir que os pais eram bons quando não eram, mas simplesmente ser capaz de levar consigo o que era bom, deixando para trás o que não era. Isso não é muito semelhante a "deixar ir" mesmo quando se sabe que está certo?

CONSELHO NÃO SE DÁ

A fonte do perdão, que a fala de Springsteen parecia implicar, está na percepção de que não somos apenas o produto do que nos foi feito, mas de que há algo essencial dentro de nós que não é necessariamente maculado por experiências ruinosas. Embora isso contradiga muitas das suposições que um século de psicoterapia ajudou a criar em nossa cultura, trata-se de uma noção que encontra muito apoio nas tradições espirituais do Oriente. Nas culturas budistas, há uma maior propensão a aceitar que existe uma capacidade de ser generoso que independe de circunstâncias externas, não é comprometida por traumas ou maus tratos e é capaz de sobreviver à destruição. Ainda que a clássica rota oriental para acessar esse altruísmo inerente seja a meditação, os comentários de Springsteen sugerem que a escolha da música por Buda para ilustrar o Esforço Correto pode não ter sido acidental.

Não repassei tais considerações para Debby. Na verdade, não era necessário. Ela não interpretou meu silêncio como indiferença e não considerou como sonegação minha falta de comentários de apoio. Tenho a sensação de que ela sentiu o que minha atenção era: calorosa, mas não indulgente; receptiva, mas um pouco desconfiada de sua pressa em criticar a si mesma. Havia um viés inapropriado na conclusão dela, a qual, uma vez trazida à luz do dia, revelou suas raízes frágeis. Eu podia ver Debby percebendo isso por si mesma, um certo processo de equilíbrio crescendo dentro dela. Sua tendência a culpar a si mesma não desapareceu como resultado disso, mas ela conseguiu, naquela sessão — talvez pela primeira vez —, reconhecer a natureza espúria daquela conclusão inadequada. Esse foi o começo de um enfraquecimento gradual de sua convicção profundamente assentada sobre sua própria inadequação, uma erosão que ocorreria lenta e recorrentemente no processo terapêutico vindouro. Ela começou a fazer uma série de visitas à casa de sua mãe, o que permitiu a ambas superarem os sentimentos congelados dos 40 anos anteriores de um jeito que nenhuma delas imaginara. Sua mãe, agora com 80 anos de idade, era mais aberta do que Debby se lembrava. Havia muita conversa a ser recuperada.

A elaboração da ligação de Debby com a mãe permitiu que aspectos ocultos de seu relacionamento com os filhos adultos também surgissem. Debby tinha encontrado muita alegria em ser mãe, mas padecia de temores secretos de que seus filhos pudessem rejeitá-la, tal como ela fizera com sua própria mãe. Em uma sessão posterior, ela me contou como se sentiu desconfortável quando voltou para casa certa noite depois de um jantar agradável com o filho de 21 anos, o mais velho de seus quatro filhos. Em uma ou duas semanas ele viajaria para a Europa, onde ficaria por um ano, e ela foi tomada por um sentimento ruim ao deixá-lo depois do jantar.

"Que tipo de sentimento ruim?", eu quis saber.

O rosto de Debby estampava um desconforto que sugeria algo mais profundo do que a preocupação natural de uma mãe pela segurança de seu filho ou sua tristeza por estar separada dele. Foi difícil, bem complicado, para ela descrever seu sentimento. Sentia-se sozinha e triste — isso era claro —, embora tivesse o marido em casa e um bom relacionamento com seus outros filhos, com os quais mantinha contato regular. Porém percebi nela tamanho nível de angústia ao tentar responder à minha pergunta que fiquei em estado de alerta. Era como se ela estivesse tendo uma premonição de que algo terrível aconteceria quando ele fosse embora.

No entanto, antes de prosseguir falando sobre o sentimento, ela me contou como havia sido o restante daquela noite. Ao chegar em casa, ela foi direto para a cozinha e se entupiu de fritas e sorvete. Não foi a primeira vez que ela mencionou comer compulsivamente, mas isso não era algo que ela mencionasse regularmente. Vegetariana e geralmente muito cuidadosa com o que comia, naquela noite, entretanto, mandou a cautela às favas. As batatas fritas e o sorvete a colocaram em uma espécie de torpor.

"Eu estava me anestesiando", disse ela.

Eis aí um comentário interessante. Por que ela estava se anestesiando? Havia algo sombrio, ela não sabia exatamente a razão. Encorajei-a a olhar mais de perto para entender o que poderia estar acontecendo, em vez de apenas se irritar por suas derrapadas culinárias. Ela deve ter ficado ansiosa, ela finalmente disse. Quando chegou em casa e começou a comer compulsivamente, deve ter tido ansiedade. Poderíamos começar por aí.

Claro, eu sabia que se tratava de ansiedade, mas eu poderia ter caído na tentação de rotulá-la ou passar direto por ela, privando Debby da experiência de reconhecer isso por si mesma. Eu poderia ter assumido que ela sabia que estava tendo um ataque de ansiedade, quando na verdade para ela não estava claro o que sentia. Como os terapeutas descobriram, o nome do sentimento é diferente do sentimento em si. Os sentimentos podem se instalar em nosso íntimo e nos fazer agir de maneiras que não compreendemos completamente. Quando os sentimentos são nomeados, as ações compulsivas muitas vezes não são tão necessárias. O budismo desempenha um tipo de jogo duplo com esse fato. Às vezes, quando as pessoas se perdem em suas histórias ou em pensamentos repetitivos, elas são encorajadas a sair de sua mente pensante, da história e de seu corpo e sentimentos, experimentando e apreciando mais diretamente como seu corpo emocional está em fluxo contínuo. Em outras ocasiões, contudo, quando as pessoas estão sujeitas a sentimentos incipientes que as empurram, é mais importante conhecer as emoções com precisão. Nomear o sentimento ajuda a torná-lo inteligível. Tal atitude diminui o poder da emoção e dá espaço a uma pessoa. Em vez de prosseguir, sem pensar, diretamente para o comportamento compulsivo, nomear o sentimento permite uma pausa.

"Então isso é ansiedade. O que posso fazer a respeito?"

No caso de Debby, a despedida de seu filho precipitara sua ansiedade, mas havia algo de intolerável no sentimento. Não foi uma coisa simples para ela. A falta de clareza ao descrever sua ansiedade era um indício de que ela poderia estar pondo a nu algo de uma época anterior. Era tentador voltar à sua infância e questionar, mais uma vez, o quanto ela poderia ter se sentido em segurança com os pais, mesmo em tenra idade. Esse era um terreno fértil para conjecturas, e em muitas de nossas discussões anteriores certamente tínhamos dado corpo à história inicial de Debby. Sua anorexia havia sido colocada em contexto, e isso a tornara mais compreensível, menos algo que surgira do nada. Mas, durante essa discussão, no fundo de minha mente ressoava o conselho de Bruce Springsteen sobre o Esforço Correto. Eu queria que Debby fosse capaz de reter o que havia de bom em seus pais e deixar o restante de lado a fim de que seu relacionamento com os próprios filhos pudesse ser mais livre de embaraços. Não conduzi a conversa em torno do passado, tentei manter Debby centrada no presente.

Enquanto conversávamos, ficou claro o grau de virulência que a separação do filho provocava em Debby. Ela não apenas temia que a despedida fosse permanente, mas também se culpava por provocá-la, assim como antes se culpava por seu afastamento dos pais. Ela estava em falta, tinha causado a ruptura e havia algo de errado com ela. O sorvete e as batatas fritas a protegeram, deixando-a atordoada, mas ao mesmo tempo davam-lhe outra razão para se sentir mal consigo mesma. E o fizeram de modo muito concreto. Sentiu-se nauseada, inchada e se castigou por engordar. E havia vergonha em seu comportamento. Ela estava provando para si mesma o que temia há muito tempo: que havia algo errado com ela que a tornava indigna de amor. Nós estávamos em um lugar familiar. Ali estava outra oportunidade para Debby dar-se conta desse padrão em particular.

Havia em Debby uma característica inspiradora: mesmo em meio à sua situação, ela conseguia enxergar tudo isso. Eu poderia falar com ela de uma perspectiva psicológica e também budista. A despedida de seu filho já foi difícil o bastante, eu disse a ela. Por que não tentar experimentá-la exatamente como era, sem adicionar os gravames que ela parecia estar criando? Ela tem que projetar sua maldade em cada adeus? Ela precisava ser amável o tempo *todo*? Por que não usar a atenção plena para ajudar? A atenção plena foi uma das principais ferramentas de meditação de Buda. Ela foi desenhada para ajudar as pessoas a cultivarem a autoconsciência, para que pudessem permanecer mais plenamente no momento presente e não ficar à mercê de seus pensamentos mais destrutivos. Essa postura desencoraja o apego ao prazer ou afasta o desprazer. Eis aí algo que poderia ajudar com esse tipo de coisa.

Há uma coisa interessante sobre atenção plena, no entanto, que precisa ser mencionada. Nos textos budistas originais em que foi apresentado, esse conceito frequentemente era descrito como "atenção plena e compreensão clara", não simplesmente como "atenção plena". O equilíbrio entre apreensão imediata e compreensão conceitual, entre conhecer o sentimento e nomear o sentimento, estava ali desde o começo. Ao pedir a Debby que usasse a atenção plena para examinar sua perturbadora experiência emocional, sugeri também

ESFORÇO CORRETO

que ela investigasse tudo sem tirar conclusões precipitadas. Pensei em um estudo de caso pelo qual há tempos sentia grande admiração, no qual Winnicott fez uma observação semelhante. Embora suas figuras de linguagem possam parecer chocantes a princípio, sua tese era a de que os terapeutas, no afã de ajudar, muitas vezes sabotam seus tratamentos.

"No momento, a base do tratamento é o meu silêncio", escreveu Winnicott em seu relatório de 1963. "Na semana passada fiquei absolutamente em silêncio durante todos os dias, exceto por uma observação logo no começo. Fazer-me ficar em silêncio faz crer à paciente algo que ela conseguiu. Existem muitas linguagens para descrever isso, e uma delas é a interpretação de um homem irrompendo pelo campo, sendo o campo a mãe com o bebê incapaz de lidar com a ideia de um pênis. O seio aqui é um campo, e não um objeto para sugar ou se alimentar, e nas associações da paciente seria representado por uma almofada, em vez de uma fonte de alimento ou de gratificação instintiva."

Adoro ver que Winnicott transformou seu silêncio em um campo, um seio e uma almofada. Ele não estava pensando em atenção plena ou budismo, mas ainda assim imaginava sua paciente em cima de um travesseiro, tal como ela poderia estar se estivesse praticando meditação. O travesseiro era sua atenção no momento presente segurando-a enquanto ela explorava o que estava sentindo. As associações psicossexuais dele vieram de trabalhos anteriores com mães e seus bebês. Uma mãe oferecia o seio e permitia que o bebê o encontrasse sozinho. Ela manteve o espaço aberto (como um campo) e deixou a criança ter a experiência da descoberta. Já uma outra mãe forçou seu mamilo na boca da criança. Esse bebê teve uma experiência completamente diferente, mais parecida com a de

CONSELHO NÃO SE DÁ

um falo (no vernáculo de Winnicott) do que com a de um seio. No modo de pensar de Winnicott, a primeira mãe, que oferece o seio, *é*, enquanto a segunda mãe, que força a alimentação, *faz*. Em meu trabalho com Debby, apesar de não ser tão resolutamente silencioso quanto Winnicott, minha atenção estava funcionando como um seio que *é*. Era um campo e uma almofada, e isso abriu espaço para ela descontrair. Permitiu-lhe ficar cética em relação à sua antiga maneira de ver as coisas. Seus problemas não acabaram sendo apenas sobre separação.

Uma das coisas que Debby descobriu ao prestar atenção às idas e vindas de seus filhos adultos foi que essas separações eram infinitamente mais complexas do que pareciam à primeira vista. Quando ela pensava em si mesma quando criança, as coisas pareciam relativamente simples. A perda de proximidade com a mãe a deixara ansiosa. O último ano do colegial foi um problema. Desde o início da adolescência, sua ansiedade a fez se preocupar com o fato de que algo estava errado com ela, uma noção que se expressava em seu próprio corpo. E agora que tinha seus próprios filhos, podia ver que estava projetando essa conclusão neles. Mas conforme trabalhávamos com seus medos e ansiedades da infância, ela tinha que reconhecer que ser mãe também a enchia de outros sentimentos. De certo modo, suas memórias de infância obscureciam a intensidade de suas emoções adultas coexistentes. Muitas encontros rotineiros com seus filhos a deixaram com uma corrente de inquietantes sentimentos pungentes. Ela tendia a ignorá-los ou a interpretá-los como nada mais que reflexos de seu estranhamento na infância, mas descobrimos que isso não lhes fazia justiça. Ao lado da ansiedade de Debby estava o amor intenso, embora excruciante, que uma mãe tem por seus filhos.

Diz-se, no budismo, que existem quatro estados "divinos" da mente: benevolência, compaixão, alegria solidária e tranquilidade. As propriedades "divinas" estão presentes em vários graus em todas as pessoas, mas emergem de forma acentuada na meditação, quase como um subproduto, à medida que as pessoas aprendem a se relacionar com seus egos de uma nova maneira. É aqui que podemos aplicar a analogia com os atletas que encontram "o fluxo" quando aprendem a sair de seu próprio caminho. Quando as preocupações egocêntricas se acalmam, esses sentimentos mais "desinteressados" assumem a dianteira.

Textos antigos comparam benevolência, compaixão, alegria solidária e tranquilidade aos sentimentos que uma mãe tem por seus quatro filhos: "Um ainda é criança, outro é inválido, o terceiro está no esplendor da juventude e o último vive ocupado com seus próprios assuntos." Benevolência é o que uma mãe sente naturalmente por seu filho ainda pequeno, compaixão é o que ela sente quando seu filho está doente, alegria solidária surge quando ela o vê prosperar no gozo de sua juventude, e tranquilidade é o que ela usufrui quando seu filho adulto cuida dele, ou dela, mesmo. Os textos budistas não são sexistas senão na preeminência que dão à relação mãe e filho. Mas as metáforas ainda são adequadas nos dias atuais, não importando como as relações de gênero entre pais e filhos estejam configuradas.

Conforme trabalhávamos juntos, Debby começou a notar variações desses sentimentos empáticos cada vez que se encontrava e se separava de seus filhos adultos. Tendo reconhecido sua ansiedade e dado nome à sua inadequação, esses outros sentimentos tornaram-se mais visíveis. A intensidade dessas emoções "divinas", porém, a deixou desconfortável. Ela não tinha prática em tolerar emoções tão fortes. Sua tendência era desligá-las, fosse como fosse, e isso a manteve, para retornar à metáfora de Buda, um pouco fora de sintonia. Esforço Correto para Debby, no contexto de tudo isso, significava abrir mais espaço para seus sentimentos "divinos" conforme não ia se julgando tão duramente por sua ansiedade. De uma maneira muito importante, ela foi capaz de fazer da atenção terapêutica que lhe ofereci um instrumento de sua própria psique. Embora sem um conhecimento formal de meditação, Debby passou a conhecer um de seus principais frutos. Ao não deixar que sua ansiedade a intimidasse ou a definisse, ela teve acesso à variedade de sentimentos conectados — benevolência, compaixão, alegria solidária e tranquilidade — que até então a haviam confundido.

A terapia é uma ferramenta muito interessante do Esforço Correto. Um terapeuta habilidoso pode dizer quando os pacientes estão expressando uma emoção, mas não a sentindo realmente, quando estão afastando um sentimento, em vez de reconhecê-lo, ou quando estão se entorpecendo para escapar de algo que parece esmagador. O Esforço Correto procura criar um contexto no qual alguém pode se livrar dos hábitos aprendidos de negar ou ceder aos sentimentos. Esses hábitos são o equivalente a tensionar as cordas do alaúde com muita ou pouca força. Esticá-las demais é como a rigidez das pessoas que cronicamente reprimem seus sentimentos. Deixá-las folgadas demais é como dar liberdade aos sentimentos, assumindo que, porque os sentimos, eles são "verdadeiros" e devem ser levados a sério. O Esforço Correto é uma tentativa de encontrar equilíbrio no meio de tudo isso. Do ponto de vista terapêutico, significa confiar que uma sabedoria inerente pode emergir quando evitamos radicalizar. Essa sabedoria, ou compreensão clara, é o equivalente emocional da atenção uniformemente suspensa de um terapeuta. Buda acreditava que esse equilíbrio emocional era possível para todos. Os sentimentos são confusos, mas também fazem sentido. O trabalho de um terapeuta é ajudar a trazer esse equilíbrio para a consciência, e há um som maravilhoso quando isso desponta.

O Esforço Correto, embora muitas vezes aconselhe contenção, também me encorajou a ser eu mesmo com meus pacientes. Há amplo espaço, descobri, dentro da postura de atenção uniformemente suspensa, para interagir de maneira natural sem me esconder artificialmente por trás do papel do terapeuta. Isso não significa que ponho para fora tudo que me vem à cabeça, mas significa que me dou a liberdade de confiar em minha intuição e assumir alguns riscos no que digo. Isso fica claro em trabalhos recentes com outra paciente, uma mulher de muitos talentos chamada Martha, que tenho visto intermitentemente desde antes de ela e seu marido terem um filho, há uns 25 anos. Não a via fazia algum tempo, quando ela ligou e perguntou se poderia ir a uma sessão. Presumi que estávamos nos reunindo para a terapia equivalente a um exame de rotina, mas as coisas não correram como eu esperava. Uma coisa aprendi fazendo esse trabalho: não importa quão bem você acha que conhece uma pessoa, ela sempre pode surpreendê-lo.

Martha acabara de se tornar avó. A namorada do filho engravidou, e o jovem casal esperava um filho. Imaginei que esse era o motivo de sua visita, mas não havia nada além de sorrisos sobre o bebê quando a vi. Alguma outra coisa deve estar acontecendo, pensei. Martha parecia um pouco alegre demais. Ela estava compensando algo que estava desconfortável, talvez algo em seu casamento? Esperei, e o momento propício chegou. O silêncio não foi minha primeira escolha nessa ocasião.

"Você e Chad ainda estão fazendo sexo?", perguntei a ela.

"Só no outro dia", disse ela com um sorriso, um toque de orgulho em sua voz. No entanto, seu rosto se contraiu por um instante. "Chad estava feliz. Fiquei contente quando terminamos."

Olhei para ela interrogativamente. Martha nunca teve vergonha de sexo. Ela era uma dançarina que posteriormente trabalhou como atendente de um bar, jardineira orgânica e paisagista. Sentia-se confortável com os homens e com seu corpo. Ela estava flertando de maneira leve e descontraída. Eu sempre gostava quando ela vinha me ver.

"Eu nunca fui ao médico", ela disse.

No início eu não estava certo sobre o que ela estava falando. O comentário dela parecia um pouco ilógico. Mas depois de um momento, adivinhei o que ela poderia estar insinuando.

"O ginecologista, você quer dizer?", perguntei a ela. "Você tem algum que prefere?"

"Tenho um nome em um pedaço de papel", disse ela. "Sei onde é... Isso é tão embaraçoso."

Fiquei intrigado com a repentina timidez de Martha. Definitivamente não combinava com ela.

"Talvez um pouco de creme de estrogênio?", perguntei em voz alta. "Você não toma hormônios, é isso?"

Ela acenou com a cabeça, e eu disse alguma coisa mais sobre como algumas mulheres, pós-menopausa, acham que o creme é útil se elas são sexualmente ativas. Martha ouviu, mas ao mesmo tempo parecia estar passando batido por meus comentários. Algum tipo de nervosismo entrou em cena, e eu não entendi. Era hora de esperar. Ela mudou de assunto.

ESFORÇO CORRETO

"Estou fazendo o oitavo passo", disse ela, referindo-se aos Alcoólicos Anônimos. "Você conhece os passos? Tentei fazer as pazes com meu primo e não consegui. Não sei o motivo. Foi só uma coisa à toa. Ele havia me dado alguns papéis para entregar quando éramos jovens, e eu os joguei fora, mas menti e lhe disse que tinha feito o que me pediu. Mas quando tentei falar com ele sobre isso recentemente, não consegui."

Eu mal entendia o que ela estava falando. Papéis para distribuir? Seu primo? O quê? Perguntei algo sobre seu primo. Ele não era um grande personagem em minha mente. De fato, não me lembrava de que ela tinha um primo que morava com a família dela. Ela era apenas um ano mais nova do que ele, ela me lembrou.

"Já lhe falei sobre isso uma vez", disse ela. "Quando eu tinha 11 anos, ele começou a se deitar na cama comigo. Há alguns anos ele falou sobre isso. 'Sinto muito por acariciá-la quando éramos jovens', disse ele. Eu odeio esse jeito de falar. *Acariciar* você.'"

O rosto de Martha endureceu. Lembrava-me apenas vagamente de ela já ter mencionado isso para mim, e perguntei-lhe mais.

"De que você se lembra?"

Martha lembrou-se de dois incidentes, mas achou que poderia ter havido mais. Ela se lembrou de seu primo indo até sua cama e se lembrou de acordar com ele em cima dela. E lembrou que seu pai, um irlandês chegado ao álcool que ela adorava e era muito próximo, depois desses eventos nunca mais foi o mesmo com ela.

"Meu primo disse que meu pai o confrontou e deu um fim naquilo", disse ela. "Eu era a melhor das garotinhas antes de tudo isso. Queria ser freira. Era eu e as freiras. Nos dois anos seguintes, eu estava completamente selvagem."

"Selvagem a que ponto?", eu quis saber, e ela me contou como uma vez, sem pensar, se entupiu de mescalina e acabou no meio de uma estrada sinalizando para um trailer no qual ela entrou e tentou roubar. Ela realmente parecia bem selvagem, mesmo para 1968.

Mas o elemento crucial da história de Martha, apesar dos detalhes indecorosos, estava na maneira como ela interpretou o afastamento do pai. Em sua mente, a vergonha que sentia (e mal podia reconhecer) por ter sido molestada pelo primo explicava a rejeição do pai.

"Na cabeça dele, eu era algum tipo de prostituta", ela disse.

Eu não tinha tanta certeza. Os pais católicos de sua geração (na verdade, a *maioria* dos pais de sua geração) muitas vezes se afastavam de suas filhas quando estas se tornavam adolescentes, achando difícil manter a proximidade quando elas começavam a se tornar mulheres. Tinham medo, penso eu, e se retraíam, deixando as meninas sob os cuidados da mãe. Sugeri a Martha que seu pai poderia, de qualquer forma, ter ficado mais distante quando ela era adolescente, que ele não estava necessariamente culpando-a pelo que havia acontecido com o primo. Afinal de contas, ele havia impedido o primo de molestá-la. Ao menos ele tinha feito algo para protegê-la quando soube o que estava acontecendo. Fui bastante insistente em meus comentários.

"Dr. Mark!" — exclamou ela com óbvio alívio. "É por isso que você ganha muito dinheiro."

Uma certa camada de vergonha foi removida de Martha naquela sessão, houve algum reequilíbrio de sua autoestima. Sua resistência em se consultar com um ginecologista, seu desconforto na conversa sobre sexo, a repulsa que sentia sobre o primo usar a palavra "acariciar" e a inadequação que ela nutria sobre sua sexualidade, todos esses fatores levavam à maneira pela qual ela se culpava pelo distanciamento do pai. Falar sobre isso a colocou em um estado de incerteza, e essa incerteza era boa. Talvez ela não fosse culpada. Talvez até mesmo os eventos com seu primo, tão importantes como eram em seu desenvolvimento psicossexual, não eram tão culpáveis. Talvez as coisas estivessem indo nessa direção de qualquer maneira. Não havia como Martha permanecer alinhada com as freiras quando os anos 1960 e 1970 chegassem, e poucas chances de que a conexão da infância com seu pai pudesse sobreviver à sua adolescência. Isso não era necessariamente culpa dela, nem tão clara e diretamente ocasionado pelos arroubos indevidos de seu primo.

O modo reticente de Martha em falar sobre seu abuso sexual é algo muito característico. Tenho visto pessoas que só falam disso após anos e anos de terapia. Foi preciso um esforço real da parte dela para superar a timidez e até mesmo abordar o assunto. Estou convicto de que ela não planejara falar sobre isso, mas algo na sessão permitiu que ela confiasse no impulso de se abrir a respeito. Uma vez iniciada a conversa, muitos de seus conceitos preconcebidos surgiram. Martha realmente tinha que se culpar pelos avanços do primo? A distância emocional de seu pai significava de fato ele pensar que ela era uma prostituta? Ela poderia ser como Springsteen e guardar o que era bom de seu pai e deixar o restante para lá e, assim, honrar seu relacionamento com ele, em vez de continuar a viver com medo ou autocensura? De certa forma, o autoconceito de Martha foi condicionado — e determinado — pelos avanços sexuais indesejados de seu primo. Sua autoimagem estava presa naquela época adolescente tumultuada, disfarçada *de si mesma*. O Esforço Correto me permitiu, em meio a meu papo jocoso de médico, escutar as associações espontâneas ocorridas em sua sessão e partilhar meus pensamentos. Martha levou minhas palavras em consideração e relaxou uma contratura dentro dela que endurecera com o tempo e a levara a sentir-se mal consigo mesma e afastada da realidade do amor de seu pai. A vontade de Martha de desabafar, de examinar e depois de descartar suas antigas convicções foi o que lhe permitiu seguir em frente. Seu grito exuberante de "Dr. Mark! ", na verdade, soou maravilhosamente.

O Esforço Correto não é útil apenas no consultório de psicoterapia. É relevante em qualquer situação em que fortes emoções ou hábitos ameaçam afastar as pessoas. É preciso um tipo diferente de esforço para ir a uma reunião do AA ou ligar para um padrinho de lá do que para tomar um trago, por exemplo. Requer uma energia diferente impedir a si mesmo de dizer algo desagradável do que ceder ao mau temperamento. E é necessária muita mais capacidade de autopersuasão para permanecer quieto junto ao filho adolescente do que para repetir conselhos quando claramente não é bem-vindo. O Esforço Correto sugere que é possível, e muitas vezes desejável, controlar os impulsos do ego. A pré-condição para isso é a condição que todos nós temos, ainda que subaproveitada, de observar nossa própria mente.

Sam, um escultor amigo meu, conhecido de vários anos, me confidenciou a história de sua luta para dar atenção terapêutica à sua mente. Estávamos na inauguração de seu novo estúdio no norte do estado. Ele acabara de construí-lo em um lote vago que comprara depois de vender um prédio adquirido anos antes, quando os artistas podiam comprar imóveis comerciais baratos no Brooklyn. No entanto, tivera enorme dificuldade para fazê-lo graças à oposição de um vizinho de porta, um residente de longa data da comunidade, que se escorou no rigor da política de zoneamento da cidade. Em um lance desesperado, mas muito inteligente, Sam contratou um velho advogado local para discutir seu caso no tribunal. Sam era um lutador por natureza. Ele me lembrava de meu avô materno e seus irmãos, pugilistas amadores de Cleveland, que no tempo da Lei Seca contrabandeavam bebidas alcoólicas do Canadá durante o inverno cruzando o Lago Superior congelado. Ele presumiu que com a ajuda de seu advogado derrotaria o adversário. A verdade prevaleceria.

Seu advogado, porém, tinha uma estratégia diferente em mente. Ele era um homem inteligente e sabia como as coisas funcionavam em sua cidade.

"Sam", ele disse, "você vai puxar o saco".

Quando Sam me contou essa história, eu não conseguia parar de rir. Imaginá-lo ter que puxar o saco de alguém era muito engraçado. Era a última coisa no mundo que ele pensaria em fazer.

"Bem, não sou eu quem está lhe pagando?", Sam lembrou ao advogado. "Você não pode ser o único a fazer isso?"

"Não", disse o advogado. "Tem que ser você. E quando estivermos no tribunal", continuou ele, "vai ficar de boca fechada até chegar a hora de você falar".

Sam foi incapaz de manter-se quieto durante o processo, mas toda vez que ele abria a boca, sua esposa cravava as unhas em seu braço e seu advogado o lembrava em voz alta de segurar a língua. Ele teve reuniões nos bastidores com seu vizinho, nas quais ele era tão afável e respeitoso quanto se poderia ser. A estratégia deu certo. O vizinho ficou satisfeito e Sam conseguiu construir seu estúdio.

"Foi a coisa mais difícil que já fiz", Sam me disse.

O Esforço Correto, no caso de Sam, não teve nada a ver com a expressão de seus verdadeiros sentimentos, no entanto Sam se sentiu no lado certo. O Esforço Correto significava ouvir seu advogado e coibir sua necessidade de vitória. Significava ficar quieto mesmo que tivesse algo a dizer, "deixando para lá", embora soubesse que estava certo. O advogado de Sam era tão sábio quanto qualquer psiquiatra, budista ou não, poderia esperar ser. Um tratado de paz era melhor que uma guerra.

Sete

ATENÇÃO MENTAL CORRETA

A atenção mental é o aspecto do Caminho Óctuplo que ganhou mais notoriedade no Ocidente. É a estratégia de atenção distintiva do budismo e encontrou aceitação em uma variedade de campos que vai do basquete profissional à psicoterapia. Em vez de restringir a atenção unidirecionalmente a um único objeto de consciência, como na maioria das outras formas de meditação, a atenção mental plena estimula um conhecimento desapaixonado de pensamentos, sentimentos, lembranças, emoções e sensações físicas à medida que entram e saem da mente e do corpo. A ideia geral é a de que é possível delegar poder ao "eu" observador de modo que não seja necessário ser influenciado por hábitos e impulsos ou vacilar em decorrência da crítica interior. Aprende-se a habitar uma consciência animada, em vez de ser sequestrado, distraído ou seduzido pela disposição habitual de pensamentos e sentimentos.

CONSELHO NÃO SE DÁ

Nesse entusiasmo do Ocidente pela atenção mental plena, normalmente não é enfatizado o fato de que, na visão budista, trata-se de uma técnica introdutória. É uma prática de nível básico cujo objetivo é abrir as portas para os insights. Ao contrário da ideia preconcebida de muitas pessoas, ser plenamente atento não é a finalidade da meditação. Buda, em uma famosa parábola, a comparou a uma balsa feita de grama, paus e folhas que ajuda alguém a atravessar um grande rio. "O que deve ser feito com a jangada depois de ter atravessado?", ele perguntou retoricamente. "Você deveria carregá-la consigo para o resto da vida ou deixá-la na margem do rio?" Ao fazer essa comparação, ele estava tentando impedir as pessoas de se tornarem excessivamente ligadas ao método. Embora poderoso, seu alerta não impediu que muitos, ao longo dos anos, o tomassem por um fetiche.

A questão quanto à Atenção Mental Correta não é transformá-la em outro método de autoaperfeiçoamento. Como no Esforço Correto, é possível, ainda que com dificuldade, experimentar a sutileza e a simplicidade do que é a atenção mental em sua plenitude. Nos textos budistas tradicionais, a atenção plena é comparada a um vaqueiro que, de início, tem que estar ativamente envolvido em cercar seu rebanho para proteger as plantações recém-germinadas de serem devoradas. Após a colheita, no entanto, o vaqueiro pode sentar-se à sombra e descansar, talvez observando de esguelha, mal fazendo alguma coisa. Suas vacas só precisam ficar dentro do perímetro de sua consciência; não há mais perigo para o que foi colhido, agora dentro de casa. Contudo, se ele está muito investido em seu papel de vaqueiro, ou se tem uma noção pouco amadurecida do que isso envolve, pode continuar a atiçar e importunar os animais, deixando-os desnecessariamente agitados. Com a Atenção Mental Correta ocorre algo semelhante. No começo é preciso lidar ativamente com

ATENÇÃO MENTAL CORRETA

a mente distraída, cuidando sempre que ela divaga para não ser levado por suas inclinações usuais. Passado algum tempo, todavia, a atenção mental plena assume. Torna-se uma segunda natureza. Vê as distrações, mas não se envolve com elas. É por isso que a comparação com o vaqueiro que descansa debaixo de uma árvore é tão pertinente. A atenção mental plena, uma vez estabelecida, flui. Ela penetra na mente para ver o que está lá, e em virtude dessa auto-observação coisas interessantes, inesperadas e às vezes desconfortáveis podem emergir.

Há muito tempo sou sensível à facilidade de ficar obcecado com a atenção mental plena. O ego não pode deixar de tentar cooptar o processo. Os primeiros textos budistas alertam para esse perigo. Um pouco de esforço é importante no começo, mas um vaqueiro tentando ativamente controlar seu rebanho pode sabotar todo o esforço. "Pensar e ponderar em excesso pode cansar meu corpo. Um corpo cansado deixa a mente perturbada, e uma mente perturbada está longe da concentração", diz um antigo discurso intitulado "Dois Tipos de Pensamento".

Em meus dias de aprendizado com o médico tibetano do Dalai Lama durante uma bolsa de pesquisa na Índia em meu último ano de faculdade de Medicina, tomei conhecimento de toda uma classe de distúrbios de ansiedade desconhecidos no Ocidente. Àquela altura eu já havia feito uma série de retiros silenciosos e estava bem a par de como algumas pessoas ficam ansiosas quando tentam acalmar a mente. Passei cerca de seis semanas com o médico do Dalai Lama, e como estava me preparando para uma carreira em Psiquiatria, estava ansioso para descobrir se esse tipo de nervosismo acontecia tanto nas culturas budistas quanto na nossa. Acontece que a ansiedade induzida pela meditação, muito familiar aos monges budistas, estava muito presente em textos médicos tibetanos medievais. Aqueles que meditam e tentam muito alcançar um estado de plena atenção ficam agitados e deprimidos. A mente deles se comporta como cavalos rebeldes, determinados a não ser controlados por seus cavaleiros. Em vez de leveza de ser, a meditação forçada traz apenas ansiedade e uma vontade inarredável de prosseguir, não importa como. Os médicos tibetanos têm pacientes tão aflitos que os fazem executar tarefas simples, como varrer os salões do templo ou cortar vegetais na cozinha, em vez de prescrever mais meditação. Eles sabem que o tratamento para transtornos de ansiedade induzidos pela meditação é menos meditação, não mais.

A sabedoria dos médicos tibetanos é algo importante a se ter em mente, pois a atenção mental plena lançou raízes no Ocidente. Grande parte de nossa cultura é baseada no esforço, e muitas pessoas têm dificuldade em deixar essa mentalidade para trás. A própria expressão "atenção mental plena" tende a encorajar essa abordagem excessivamente agressiva, que às vezes pode soar como advertência ao levar consigo o imperativo "Fique atento!". Há um dedo da ética protestante nisso. O que não é acidental. Utilizada pela primeira vez em uma tradução para o inglês de um texto budista em 1881, no auge da colonização britânica do sul da Ásia, a expressão "atenção mental plena" passou a ser aceita no mundo ocidental posteriormente. Mas se trata de uma invenção ocidental. Na linguagem da época de Buda, a palavra original era *sati*, que significa lembrar. Atenção Mental Correta — ou *Sati* Correta — significa lembrar-se de ficar de olho em si mesmo. Seu oposto é esquecer — ou se tornar alheio —, o tipo de esquecimento que acontece o tempo todo quando se está perdido em pensamentos. A qualidade distintiva da atenção mental plena é que ela se lembra. Uma vez estabelecida na mente, ela se lembra de si mesma. Uma descrição mais clara do que se entende por *sati* pode ser a presença de espírito.

Recordei-me disso quando lecionava em Oklahoma City sobre a relevância da abordagem budista no tratamento do trauma. Houve na ocasião um interesse surpreendente pelas aplicações clínicas da atenção mental plena. Um grande hospital de veteranos de guerra, com muitos pacientes com transtorno de estresse pós-traumático, estava receptivo, e sua equipe, aberta a novas abordagens para o tratamento. Um dos conselheiros envolvidos em minha palestra era um homem de seus 50 anos com um longo rabo de cavalo branco. Em um dos intervalos ele me procurou; tive apenas um segundo para formar uma impressão dele. Um homem grande, de aparência saudável, que vestia uma camisa branca de mangas compridas aberta no colarinho. Bem apessoado, endireitou-se, mostrando um comportamento muito confiante. Eu podia vê-lo dirigindo uma caminhonete.

"Veja", ele confidenciou, "eu nunca uso a expressão 'atenção mental plena' com alguém em Oklahoma. As pessoas simplesmente não gostam dela".

"Então o que você diz para eles em vez disso?", perguntei, imaginando que talvez ele tivesse descoberto todo um novo vocabulário.

"Eu apenas digo a eles: 'Saiam e fechem a porta. Fiquem por ali e ouçam.' É o suficiente."

Seu comentário correspondia à essência da Atenção Mental Correta. Em vez de reduzi-la à outra modalidade terapêutica aconselhada pelas autoridades médicas, sua recomendação sugeriu o que é mais convincente: a possibilidade de descobrir algo inesperado prestando atenção tranquila ao mundo cotidiano. Ao deixar que as instruções iniciais fossem sobre relaxar e abrir os sentidos, esse terapeuta estava

CONSELHO NÃO SE DÁ

evitando um mal-entendido muito comum. Embora seja verdade que passamos muito do nosso tempo vagando desnecessariamente em pensamentos do passado ou do futuro, a capacidade de permanecer concentrado no presente não garante, por si só, qualquer tipo de transformação pessoal. Estar no momento é bastante agradável, mas é apenas um ponto de partida. Encontrei muitas pessoas que, ao fazer da atenção mental plena seu objetivo final, parabenizam-se por poder manter sua atenção em sua respiração ou nas solas de seus pés por longos períodos de tempo, como se tais habilidades, por si mesmas, as tornassem pessoas melhores. Um amigo meu confidenciou que, ao jantar com a esposa, tenta ficar atento, por exemplo, mas que isso não parece diminuir a tensão entre eles. Disse-lhe que seria mais útil engajá-la na conversa, em vez de se esconder atrás da atenção como se fosse um jornal. Ele entendeu meu ponto, mas isso não lhe ocorreu por conta própria.

A Atenção Mental Correta abre oportunidades interessantes para a autorreferência honesta, mas ela não incorpora garantias de que essas aberturas serão usadas de maneira produtiva. O eu não abre mão do protagonismo facilmente — todos os mesmos mecanismos de defesa delineados por Freud ainda estão em operação, mesmo quando a atenção mental plena é forte. É possível supervalorizar a atenção plena, permanecer ligado à sua forma, em vez de trabalhar diretamente com o que ela revela. É por isso que a intervenção do terapeuta em Oklahoma foi tão hábil. Em vez de insistir no método, ele estava tentando incutir um estado de espírito.

Tentei me lembrar disso com meus próprios pacientes. Em vez de ensinar-lhes a atenção mental plena diretamente, preferi criar um ambiente interpessoal no qual eles possam ouvir de uma nova maneira, confiando que esse modo de ouvir é o que permite que

ATENÇÃO MENTAL CORRETA

os insights cheguem. Quero que a visita ao meu consultório seja como sair e fechar a porta. Desejo oferecer uma nova perspectiva sobre as coisas sem ter que dar conselhos ou orientações excessivamente específicos. Mesmo em terapia, as pessoas, teimosamente, perdem-se em seus pensamentos e se aprisionam nas histórias que repetem para si mesmas. Elas tentam usar a terapia do modo como muitas pessoas tentam usar a meditação: energizar-se para chegar a um suposto lugar de cura. A Atenção Mental Correta, tal como uma psicoterapia bem-sucedida, faz as pessoas diminuírem o ritmo. Ela abre frestas nas fachadas atrás das quais involuntariamente nos escondemos. Quando ficamos do lado de fora e ouvimos, temos a chance de escutar a autopreocupação infinitamente obsessiva do ego. Com os sentidos despertados de uma nova maneira, as pessoas — se estiverem dispostas — também podem sair de si mesmas.

Esse ponto veio à tona em um encontro casual em um jantar na véspera de Rosh Hashaná (o primeiro dia do ano-novo judaico), enquanto eu estava escrevendo este livro. Perto do final da noite, eu estava conversando com um advogado aposentado de 60 e poucos anos que havia terminado uma carreira de sucesso representando e administrando companhias de seguros. Ele era inteligente, envolvente e loquaz. Gostava dele, mas não achava que estaria particularmente interessado em meu trabalho. Contei-lhe um pouco sobre o livro que estava escrevendo e sobre como havia muito tempo vinha sendo cauteloso em dar conselhos budistas a meus pacientes. Ao ouvir sobre minhas inclinações budistas, ele me surpreendeu contando que esteve duas vezes em Massachusetts para oficinas intensivas de redução de estresse baseada em atenção mental plena. Essas oficinas, modeladas a partir dos retiros que eu conhecia, mas despojadas de sua linguagem e teoria budistas, o ajudaram muito, me disse. Ele não sabia muito sobre o budismo, mas a prática da atenção plena, como lhe havia sido ensinada, já tinha sido de grande benefício.

Disse a ele como fiquei impressionado por ele ter dado uma chance à atenção plena. Para mim, era um sinal do quanto estava se infiltrando na consciência popular e perdendo um pouco de sua aura esotérica. O fato de um advogado do Upper East Side (um bairro nobre de Nova York), no primeiro momento de sua aposentadoria, estar procurando pela atenção mental plena, em vez de golfe, dizia algo sobre seu novo nível de aceitação.

Na verdade, eu conhecia bem o programa que ele havia frequentado. Tivera início com um velho amigo meu, Jon Kabat-Zinn, um colega no primeiro retiro de meditação em que eu estive, em 1974. Lembrei-me de suas pesadas botas pretas indo e vindo nas caminhadas ao ar livre que fizemos juntos em nossas meditações. Mesmo assim, Jon, que tinha pós-graduação em Biologia Molecular no MIT, estava consciente de como a linguagem ou os conceitos budistas poderiam ser alienantes para as pessoas no Ocidente. Ao desenvolver seu programa no Centro Médico da Universidade de Massachusetts pouco depois desse retiro, ele apresentou a atenção mental plena como uma estratégia de redução de estresse, e não como um item do Caminho Óctuplo. Jon surpreendeu a todos no centro médico. Seus pacientes responderam ao tratamento. Oficinas como a que meu novo amigo tinha frequentado espalharam-se pelos Estados Unidos.

"Deixe-me contar", interrompeu o advogado, "o que aconteceu comigo lá".

"No meio da segunda oficina em um desses hotéis fora de Boston, depois de alguns dias de meditação quase sempre silenciosa, eu estava indo, certa manhã, participar de uma discussão em pequenos grupos e, quando estava abrindo a porta, ouvi uma voz. No entanto, ninguém do mundo exterior estava falando comigo. A voz vinha de dentro da minha cabeça."

"É hora de perdoar sua mãe", disse a voz.

"Nunca ouvi vozes", o advogado me assegurou com um sorriso. "Essa foi a única vez que algo assim aconteceu comigo."

"Minha mãe faleceu há 15 anos, mas ela era uma daquelas mães germânicas intrusivas, supercontroladoras, que me conhecia melhor do que eu mesmo e usava esse conhecimento para me manipular. Não havia como escapar dela quando eu era jovem, e minha autoconfiança estava terrivelmente comprometida. Fiz muita terapia aos meus 30 anos, mas continuei zangado com ela e com meu pai, a quem culpei por não enfrentá-la e me proteger. No aniversário de 75 anos de meu pai, quando fiz um discurso (algo em que sou muito bom) elogiando suas realizações, percebi o quanto eu era falso, e isso me deixou triste e desconfortável."

"Porém, quando ouvi a voz dizendo que era hora de perdoá-la, eu sabia que estava certa. A atenção plena me mostrou que eu podia."

O relato do advogado me deixou muito emocionado. Havia algo incrivelmente afirmativo naquilo. Um advogado do Upper East Side que aprendeu uma técnica de atenção mental plena baseada em hospitais em um centro de conferências genérico em Massachusetts teve uma experiência espiritual e psicológica que mudou sua vida. Ele ouvira uma voz, mas não era insano. Saindo de sua rotina, parou para escutar e ouviu algo inesperado. E foi capaz de deixar de lado um dos pilares de longa data de sua identidade, seu ressentimento por sua mãe dominadora. Seu relato foi tão sincero e revigorante que pude sentir como perdoar sua mãe o deixara leve. A atenção mental plena, mesmo quando abstraída do contexto budista original, surpreendeu-o e o fez se abrir. De onde veio a voz? Como isso poderia ser explicado? O que a atenção ao momento presente tem a ver com perdoar sua mãe? Há um mistério para a Atenção Mental Correta mesmo quando ela é experimentada em um salão de festas.

Como a atenção plena se tornou uma técnica de gerenciamento de estresse, ela é frequentemente apresentada de maneira a enfatizar sua precisão racional, objetiva e científica. Embora certamente tenha essa dimensão, há mais do que isso. Não obstante a atenção mental plena incentive uma visão clara de si mesmo e de sua experiência sensorial direta, ela também tem uma agenda oculta. Sua missão é colocar o ego em perspectiva para que a empatia não seja mais obstruída. Os insights encorajam todos a seguirem nessa direção. Nos ensinamentos antigos, esses insights estavam vinculados a princípios básicos como a impermanência. Como podemos nos apegar às coisas da mesma maneira quando percebemos diretamente que tudo está mudando constantemente? Por que se apegar à riqueza, ao sexo, ao prazer ou a opiniões quando se entende que nada dura? Ainda que não necessariamente faça com que os aspectos dolorosos da impermanência sejam bem-vindos — Buda não chamou de não relevantes a velhice, a doença, a separação e a morte —, ela ajuda as pessoas a aceitarem mais aquilo que não podem controlar. A atenção mental plena traz a transitoriedade para o primeiro plano, e isso a torna incontroversa. Dá um lugar à beira do ringue para algo que todos sabemos ser verdade, mas que nos esforçamos para ignorar. Não há impermanência fugidia quando se pratica a atenção plena. A resistência, como dizem, é fútil.

ATENÇÃO MENTAL CORRETA

Ao confrontar as pessoas com a realidade da impermanência, a atenção mental plena também opera como um agente de mudança. É aqui que sua agenda oculta se torna relevante. Quando se depara com a estrutura subjacente da impermanência, vendo-a tanto no mundo exterior quanto no interior da mente, uma coisa se torna cada vez mais ostensiva. Resmungar com nós mesmos é uma versão adulta da criança que costumávamos ser, e um de seus principais refrões parece ser algo na ordem de: "E quanto a mim?" Esse lamento interno autoimportante — e fervorosamente inseguro — é uma manifestação superficial de nossa tentativa primordial de controlar e evitar o modo como as coisas são. Quando crianças, temos sorte se há uma pessoa no mundo — nossa mãe — que nos trata como se fôssemos o centro do universo. Mas mesmo que nos seja dado esse luxo essencial, ele não pode durar. A desilusão nos alcança muito em breve. Embora não sejam bem-sucedidos, os protestos e as manipulações internas não necessariamente desaparecem. À medida que o eu se desenvolve, a necessidade de maximizar o sentimento de importância pessoal persiste. Há exigências conflitantes, é claro — somos criaturas sociais, e motivações egoístas não são as únicas de que somos capazes —, mas mesmo pessoas muito bem ajustadas abrigam um egocentrismo que se torna óbvio quando se presta atenção à mente. A Atenção Mental Correta é mestre em trazer esse egocentrismo à superfície. O egoísmo começa a sentir-se doloroso, e descobre-se que é possível afastar-se dele. Em um mundo em que nada é tão fixo quanto parece, é um grande alívio descobrir que até o ego é impermanente. A postura defensiva não precisa ser gravada na pedra.

Perdoar a mãe não consta na lista tradicional de insights libertadores, mas se a lista estivesse sendo compilada atualmente, isso estaria perto do topo. As descrições clássicas da atenção mental plena derivam de uma tradição de milhares de anos, contudo não há relatos confiáveis em primeira pessoa da vida interior de alguém da época de Buda aos quais se referir. Vivemos hoje um tempo e uma cultura diferentes dos de Buda. A psicologia pessoal é uma realidade para nós. Insights, quando chegam agora, embora enraizados na realidade da impermanência, são muitas vezes de natureza psicológica e emocional. O desdobramento da atenção mental plena, em que pese ser muitas vezes apresentado como um processo ordenado, é diferente para todos. Aqueles que não estão sintonizados com essa verdade correm o risco de ficar de fora. O aspecto psicológico da Atenção Mental Correta é crucial para uma apreciação real dela.

Desenvolver a atenção mental plena é como aprender a andar de bicicleta ou na corda bamba, só que é muito mais frustrante. A gente continua indo ao chão mesmo depois de anos e anos de esforço. Atenção Mental Correta significa pegar leve, ou seja, ser capaz de perdoar a si mesmo a todo momento e, ao mesmo tempo, não ceder a seus piores impulsos. Lembro-me de estar no Colorado em um verão com Jack Kornfield, que já tinha anos de intensa experiência em meditação. Jack veio jantar em seu aniversário depois de passar o dia em meditação, maldizendo-se por não ser capaz de praticar a respiração por bastante tempo naquele dia.

"Até mesmo em meu aniversário!", reclamava ele, contrariado.

Havia um certo tom jocoso em seus comentários, mas ele estava falando sério. Fiquei comovido por sua honestidade. Isso me ajudou com minha própria prática, com minha própria tendência a não perdoar. Ajudou-me a entender que a Atenção Mental Correta significa estar disposto a trazer a mente de volta sempre que se percebe que ela está divagando. A verdadeira realização é a capacidade de trazer a mente de volta, de deixar de lado os comentários pessoais. Pensar de maneira egoísta é uma das coisas que a mente faz melhor. Mesmo quando se torna muito quieta, essa tendência ainda está lá, latente. Mas o ego não tem que nos definir, assim como o ressentimento de meu amigo com sua mãe não precisava defini-lo. Tendo aprendido a atenção mental plena, ao praticar perdoar a si mesmo, meu amigo encontrou uma razão para perdoar a mãe.

Experimentei minha própria versão disso ao longo de meu envolvimento com a atenção mental plena. Desde meus 20 e poucos anos a tenho praticado em uma série de retiros silenciosos de várias semanas de duração. Esses retiros limitam o nível de distrações e estímulos externos e são estruturados de modo a ser possível fazer de todas as atividades básicas — andar, comer, sentar-se, cuidar das funções corporais — uma oportunidade de atenção mental plena. Por mais difícil que isso possa ser nos primeiros dias (a mente se rebela e quer seguir seu próprio caminho), depois de um tempo o ato de lembrar fica mais natural. A autoconsciência cresce ou se expande, de modo que a pessoa se sente em sintonia com o ambiente, presente e muito vivo. A consciência, que geralmente consideramos garantida e que comumente é transparente ou invisível, começa a se tornar algo intrigante por si só. Às vezes parece brilhar. Embora pensamentos, memórias e associações não diminuam, é menos provável ser arrebatado por eles por longos períodos de tempo. É muito mais intrigante, e prazeroso, permanecer no presente que se desdobra do que voltar para o cortejo habitual de pensamentos.

Esses retiros quase sempre foram interessantes, embora, quando alguém tenta falar sobre eles, pareçam bastante entediantes. Por um lado, não há muito a falar sobre o que acontece. Os dias vêm e vão.

As refeições são servidas. Os sons da natureza permeiam a sala de meditação. As pessoas se sentam em suas almofadas, trocam, tossem e se esticam, ou andam devagar para trás e para frente em linha reta, olhos baixos, indo a lugar nenhum. Ninguém faz contato visual ou fala. Por outro lado, há muita coisa acontecendo, algo muito pessoal e psicológico em conteúdo.

No meu retiro mais recente, por exemplo, tive a sensação vívida, alguns dias depois, de que meu nome me aprisionava. É difícil descrever o sentimento real, porque ocorreu em um instante e reverberou em várias direções simultaneamente.

"Mark."

O som dele era seco, duro. No relativo silêncio do retiro, parecia o golpe de um martelo ou de uma seladora industrial vindo do alto sobre mim. Imaginei meus pais dizendo "Mark" quando eu era criança e me levantando para encontrar suas vozes, de bom grado, mas com um sopro relutante, o nome enroscando-se em mim, um tanto rijo, me prendendo nele. Aquilo me deixava triste, a sensação de estar sendo oprimido pelo próprio nome. Eu sentia o quanto suas paredes eram firmes e inflexíveis.

Quase ao mesmo tempo, porém, senti a possibilidade ou a memória (não sei ao certo qual) de que meu nome nada tinha a ver comigo. Foi apenas um bruxuleio, um indício de agitação, como ouvir uma brisa ao longe e pensar não ser fruto da imaginação. Mark era meu nome, mas eu não era Mark — esse parecia ser o nó da questão. Ao meu redor, estendendo-se em todas as direções, sussurrando incessantemente, havia algo vivo e receptivo. Com o mais sutil dos esforços, vi-me oscilando entre dois sentimentos: "Mark", o sentimento que eu sabia de cor, mas pelo qual sentia aversão, e "não Mark", uma sensação nova (ou era antiga?) que eu não podia identificar com exatidão. Tive várias epifanias nesse retiro, mas essa durou um longo período de tempo. Lembro-me de que a interrompi quando fui checar meu celular para ver se tinha alguma mensagem.

Embora seja um hábito desaprovado, costumo manter meu telefone comigo nos retiros. Se meus filhos, minha esposa ou meus pacientes precisarem de mim em uma emergência, podem me contatar diretamente. Também estava planejando, já que havia trazido meu telefone, ligar para minha mãe no domingo às quatro e meia da tarde, como sempre faço. Ela acha os domingos particularmente enfadonhos e fica à espera de minha ligação. Eu havia acabado de ligar para ela e disse que estava indo para o retiro.

"Não entendo por que você faz essas coisas", ela disse com uma ponta de exasperação.

Há nos retiros, no centro de meditação, uma sala à prova de som para chamadas como essa.

Eu planejava guardar o telefone em uma gaveta, mas acabei deixando-o em minha mesa. Não o carrego comigo. A questão principal é essa. Nem sequer usava calças com bolsos na maior parte do tempo. Tenho o costume de checar meu telefone quando vou ao banheiro — não sei o quanto isso é comum, mas é definitivamente algo que notei. No retiro, ao menos nos primeiros cinco ou seis dias, me flagrei procurando por ele sempre que ia fazer xixi.

"Chega, chega", dizia a mim mesmo, tentando trazer a atenção mental plena a todos os momentos do dia, percebendo o pequeno sinal de empolgação antecipada quando surgiu o pensamento de checar o telefone e depois a calma da restrição quando percebi que ele não estava ali.

CONSELHO NÃO SE DÁ

Foi um alívio estar desconectado do telefone, embora tenha sentido falta dele, especialmente quando fui ao banheiro. Dizem que há uma explosão de serotonina no cérebro quando alguém se prepara para verificar o telefone, a antecipação de uma recompensa, como os M&M's em um experimento comportamental clássico ou as guloseimas na hora do café da tarde, incitando os neurônios a vazar seus preciosos fluidos . Com base em minha própria experiência no retiro, acredito nisso. O desejo é muito profundo.

Consegui me manter sob rédeas curtas com relação ao telefone durante os dez dias. Chequei-o apenas três vezes ao dia, na hora das refeições, e as chamadas que recebi foram mínimas. Mas me permiti uma indulgência. Toda tarde, depois do almoço, me enfiava na cama com meu telefone e verificava o clima. Houve três grandes tempestades de neve no período em que estive lá, e as temperaturas estavam sempre abaixo de zero. Todas as manhãs eu saía andando por um lago congelado, vestido com seis camadas de roupa, e rastrear o tempo parecia uma atividade vital, embora inofensiva. Inofensiva com certeza, mas meu prazer me fazia pensar se eu estava trapaceando.

Contudo eu precisava me afligir com isso? Não poderia deixar um pouco de me julgar? Estava lutando comigo mesmo por causa de uma infração tão superficial, se era mesmo uma infração.

Logo em seguida, fui meditar andando no ginásio do subsolo, embaixo da sala de meditação. Não havia ninguém além de mim na academia, ou pelo menos eu pensava que não, e minha mente estava bastante serena depois de dias praticando a atenção plena. Com frequência resisto à meditação andando; envolve pouco mais que andar lentamente para a frente e para trás em linha reta. "Levantar, mover-se, parar", repete-se a si mesmo à medida que se direciona a atenção da mente para a parte inferior dos pés. Acho difícil manter isso por mais de 15 minutos. Minhas costas muitas vezes começam a doer, e eu paro, me estico, e procuro desculpas para fazer outra coisa. Naquela ocasião, porém, eu estava menos inquieto do que o normal e notava certa facilidade no exercício. A caminhada parecia um pouco como nadar. Foi suave e não exigiu esforço algum.

Então, de repente, ouvi um baque que se parecia com um forte tapa. Pulei, me virei, e vi que uma tela chinesa de madeira ou bambu tinha caído no chão atrás de mim. Antes da queda, a tela servia para isolar uma pequena área reservada para a prática do tai chi. Nunca tinha reparado nisso, nem jamais havia entrado no espaço atrás dela. Para mim, a tela era simplesmente parte da mobília da sala um tanto monótona. Mas ela agora estava no chão. Alguém deve ter esbarrado nela e a derrubado. O interessante veio a seguir. Porque minha atenção mental era forte, minha reação mental imediata foi muito evidente.

"Quem fez isso?"

Não havia na pergunta nada de incidental ou de curiosidade. Minha mente queria repreender alguém imediatamente. Eu precisava de alguém para culpar. O pensamento, que havia disparado como um bólido, de súbito parou. Na verdade, congelou no ar. Foi uma sensação visual. Eu vi. Parecia como um daqueles fogos de artifício, que decolou velozmente, mas não conseguiu manter a tração. Não se consumou de fato, apenas morreu lá no espaço interno. Ver meus pensamentos como imagens não é algo comum para mim, mas nesse caso foi assim. Eu vi o abundante espaço da minha mente e a natureza incidental do pensamento. Era como ver um palito de fósforo sendo riscado e em um instante a chama sendo abortada. Ri comigo mesmo. Era um absurdo estar procurando alguém para culpar. Que importância tinha isso? O que eu estava tentando provar?

Havia uma severidade em mim, percebi, uma severidade que eu não tinha reconhecido completamente. Ela se revelou nitidamente quando a tela caiu, mas já estava lá quando senti a opressão de meu nome e quando me julguei por checar o celular. Com relação ao meu nome, eu queria responsabilizar alguém, tal como quando a tela caiu. Quem fez isso comigo? Não gostei. Deve ser culpa de alguém.

Essa necessidade de culpar é, obviamente, muito comum. Deparo com isso o tempo todo em meu trabalho como terapeuta — em mim e em meus pacientes —, e frequentemente tenho consciência de quão sedutora pode ser e de como as pessoas estão em melhor situação sem ela. Mas aquele momento de retiro tinha um poder especial. Na verdade, vi o impulso de culpar invadir meu ser e então cessar. A Atenção Mental Correta permitiu que eu enxergasse as coisas da mesma forma que possibilitou a meu amigo advogado perdoar sua mãe. Ao ver quão instintiva era minha necessidade de culpar, fui punido. Todavia, ao compreender que não precisava dela, fui liberado. Eventos como o barulho da tela ao cair ocorrem o tempo todo em minha vida. Alguém derruba alguma coisa, derrama alguma coisa, esbarra em mim. Espero no telefone para falar com um represen-tante, e então a ligação cai. Minha fatura de cartão de crédito está incorreta; alguém cobrou coisas indevidas na minha conta. Meu amigo diz para encontrá-lo às 18h30 para jantar e chega quase uma hora atrasado. Alguém descarrega lixo na frente do meu prédio e nós recebemos uma multa da prefeitura. Há sempre alguma coisa.

Essa experiência singular no ginásio sob a sala de meditação mudou as coisas para mim. Relaxei com meu celular. Parei de me irritar com meu nome. Liguei para minha mãe no domingo seguinte, na sala à prova de som. Ainda restavam três dias para completar minha estadia lá. Tivemos uma boa conversa, talvez por uns dez minutos. Ela parecia ter esquecido que eu estava no retiro. Talvez não tenha deixado totalmente claro para ela que seria por dez dias inteiros. A conversa estava terminando, quando de repente ela me perguntou onde eu estava.

"Você está no país?", ela perguntou.

Eu sempre telefonava de nossa casa no Vale do Hudson, então a pergunta dela não era incomum.

Mas ela rapidamente acrescentou: "Não sei por que estou perguntando. Isso realmente não importa."

Eu tergiversei. Não queria lembrá-la de que ainda estava no retiro, e bem depressa disse a mim mesmo que, como o retiro era no campo, eu podia dizer sim sem me sentir muito culpado.[1]

"Sim", respondi. "Estou no país."

Eu me senti mal por não contar a ela toda a verdade, mas me perdoei logo. Entendi por que disse o que disse. Além de estar me protegendo de seu julgamento, também não queria fazê-la se preocupar. O importante era que eu ligava quando dizia que o faria. Meu crítico interior não teve que usar isso contra mim. Como percebi quando a tela caiu na sala vazia, minha necessidade de encontrar falhas nem sempre tinha prioridade.

Revelações em retiros acontecem incidentalmente e põem o dedo na ferida indiscriminadamente. Tal como na terapia, o progresso nem sempre pode ser previsto. Meu nome, meu discurso, meu telefone, minha cama, meus momentos de ir ao banheiro para checar o telefone, meu instante de clareza caminhando no ginásio. Cada uma dessas situações aliviou a visão que tinha de mim mesmo e

---

[1] Em inglês, há um jogo de palavras: "country" significa "país" e "campo", conforme o contexto.

CONSELHO NÃO SE DÁ

realçou o entrelaçar dos fios que compõem meu tecido identitário. A prática da Atenção Mental Correta ajudou a direcionar minha atenção para esses pequenos fragmentos de experiência. Eu poderia muito bem tê-los negligenciado se não fosse pela insistência de Buda de que valia a pena prestar atenção à mente, mesmo quando ela não fazia nada. Houve um inesperado dividendo para toda essa atenção intensificada. Talvez, no futuro, eu não teria que me deixar conduzir tanto por minha severidade. Talvez eu pudesse parar de procurar alguém para culpar, deixar meus defeitos se acalmarem e se fundirem com o restante de mim, parar de levar meu nome — e meu eu — tão a sério.

A Atenção Mental Correta e a autoavaliação que ela gera criam um músculo mental. É um músculo da auto-observação não julgadora, mas pode se tornar muito mais que isso. É também um precursor do insight. A forma como esses insights ocorrem é diferente para todos, mas o sabor é semelhante. A atenção mental plena faz uso de todos aqueles pensamentos descartáveis que remetem à nossa infância, os mesmos que adotamos para lidar com as pressões do crescimento. Ao solicitar que prestemos atenção à sua natureza recorrente, ela também nos encoraja a reconhecer suas qualidades, próprias da condição infantil. Meu momento no ginásio, no qual vi minha necessidade de culpar alguém, era outra versão da voz na cabeça do advogado que mostrava quão implacável ele fora. Em ambos os casos, fomos detidos e tomamos consciência de quanto são desnecessárias essas respostas autoprotetoras. Dada a liberdade de agir de maneira diferente, ambos fizemos uma escolha semelhante. A atenção mental plena nos mostrou como fazê-la.

Oito

CONCENTRAÇÃO CORRETA

Concentração é o ingrediente secreto da meditação, a espinha dorsal de todo o esforço. É a técnica terapêutica mais simples, mais elementar, mais concreta, mais prática e mais antiga do repertório budista. Um meio de dissipar temporariamente os pensamentos recorrentes da mente cotidiana, um modo de abrir a psique a novas e inesperadas experiências. Embora na sequência da Atenção Mental Correta no Caminho Óctuplo, é comumente ensinada antes dela quando se está aprendendo a meditar. É uma introdução tão essencial à prática budista que, à primeira vista, seu lugar encerrando o Caminho Óctuplo não faz sentido. Contudo ela precisa ser entendida no contexto de todo o caminho, a fim de não se converter em uma distração em si mesma. A concentração é "Correta" quando se conecta com os outros sete componentes do

Caminho Óctuplo. É "Correta" quando demonstra a viabilidade de treinar a mente, apoia a investigação da impermanência, desbasta a preocupação egoísta e revela os benefícios da rendição. Não é "Correta" quando vista como um fim em si mesma e quando utilizada para evitar verdades dolorosas. Alguém pode se esconder nos estados pacíficos que a concentração meditativa torna possível, mas no contexto do Caminho Óctuplo, isso é considerado um equívoco.

Concentração, de uma perspectiva budista, significa manter a atenção constante em um único aspecto, como a respiração ou um som, por longos períodos de tempo. Isso não é algo que fazemos normalmente ou que se consegue de maneira fácil. Aqueles que tentarem fixar sua atenção desse jeito por até cinco minutos verão isso por si mesmos. Tente seguir sua respiração e ver o que acontece. Observe a sensação da inspiração e repita mentalmente as palavras "para dentro". Faça o mesmo com a expiração e repita as palavras "para fora". Mantenha o estritamente mental como pano de fundo e a maior parte de sua consciência na sensação física direta da respiração. Se você é como a maioria das pessoas, depois de notar com sucesso uma ou duas respirações, seu mundo interior subconsciente usual se reafirmará. Pensar, planejar, fantasiar e se preocupar se apressarão em preencher o vazio, os ruídos do mundo exterior o atrairão e cinco minutos vão embora antes que você se dê conta. A mente não se concentra apenas porque dizemos a ela para fazer isso.

Mas a Concentração Correta nos pede para perseverar. Os iniciantes lutam com essa tarefa muito simples. Sempre que percebem que sua atenção se desviou, retornam ao objeto central. Lapsos na atenção acontecem não uma ou duas vezes, mas repetidas vezes. Às vezes as pessoas notam imediatamente, e às vezes não por muito tempo, mas a Concentração Correta sugere não nos julgarmos por falhar. Textos antigos comparam o processo de concentração à domesticação de um animal selvagem. É um esforço difícil, cheio de altos e baixos, mas que produz resultados confiáveis se praticado com diligência e paciência.

Conforme a concentração aumenta, mente e corpo relaxam. Os pensamentos diminuem, as pressões emocionais enfraquecem e uma espécie de calma toma conta. A mente gradualmente cede sob algum grau de controle e se acalma. Buda comparou esse processo à fundição de ouro. Quando seus contaminantes superficiais são removidos, o ouro se torna leve, macio, maleável e brilhante. Mostra-se em seu esplendor e começa a brilhar. Cientistas ocidentais que trouxeram para o laboratório pessoas experientes na meditação documentaram uma versão fisiológica dela. Quando a atenção unidirecional é forte, o sistema nervoso entra em um modo relaxado. A frequência cardíaca diminui, a taxa metabólica declina, a digestão aumenta e a atividade cerebral associada à preocupação e à agitação entra em estado de neutralidade. Para os cientistas ocidentais, foi uma grande surpresa descobrir que algo tão simples quanto a concentração poderia ter efeitos tão profundos no corpo. Poucos pesquisadores acreditavam que o chamado sistema nervoso autônomo pudesse ser controlado conscientemente. O budismo, há milhares de anos, argumenta que a concentração traz calma e tranquilidade tanto para a mente quanto para o corpo. A ciência ocidental documentou isso em termos da fisiologia do corpo, ainda que a rica natureza da mente tenha se mostrado mais elusiva para a confirmação direta.

Os benefícios da concentração para o gerenciamento de situações estressantes são agora amplamente reconhecidos. Conversei há pouco com um jovem recém-diagnosticado com câncer de cólon que teve que passar por uma série de testes, exames e procedimentos, um atrás do outro. Sua esposa estava interessada em meditação e já começara a explorá-la, mas ele tinha outras coisas para fazer quando estava saudável. Ao receber o diagnóstico, no entanto, precisava de algo que o ajudasse, e rapidamente se tornou proficiente em usar a concentração para acalmar sua ansiedade. Isso foi incrivelmente útil. Quando precisava se submeter a tomografias, por exemplo, tendo que ficar parado por longos períodos de tempo em um espaço fechado, ele era capaz de observar sua respiração ou escanear as sensações em seu corpo enquanto deixava a máquina fazer seu trabalho. Era como uma meditação longa e forçada, ele me disse alegremente, e era bom. Ter essa habilidade, saber por experiência que é possível, é incrivelmente útil em todos os tipos de situações desconfortáveis.

A concentração não é apenas um método de controlar o estresse; é também uma incubadora de autoestima. Mensurar isso é mais difícil, porém igualmente importante. Foi o que descobri durante uma de minhas primeiras extensas explorações da meditação. Até esse primeiro retiro, eu tentara observar minha respiração com vários graus de sucesso. O desafio e o interesse na filosofia subjacente do budismo me levaram a isso, mas a experiência imediata de meditação me deixou principalmente ciente da natureza bastante mundana de minha própria mente. Quanto mais eu tentava observar minha respiração, mais via os pensamentos incessantes, rotineiros, repetitivos e egoístas percorrendo as subcorrentes de minha psique.

Naquele retiro, todavia, as coisas começaram a mudar após uns três ou quatro dias de prática. Lembro-me de estar sentado na sala de meditação e, de repente, ser capaz de me concentrar. Todo o esforço para localizar a respiração e manter-me firme não parecia mais necessário. Ela estava ali. Embora estivesse notavelmente desprovido de minha habitual lenga-lenga de pensamentos, eu estava bem acordado e lúcido. O corredor estava escuro, e meus olhos, fechados, mas a luz começou a penetrar em minha consciência. Literalmente. Eu via a luz enquanto colocava a maior parte da minha atenção na respiração. A luz me levantou de alguma forma, e tive a sensação de que às vezes os pelos de meu corpo se eriçavam. Um forte sentimento de amor veio a seguir — não amor por alguém ou qualquer coisa em particular, apenas um forte sentimento de amar. Isso tudo durou um certo tempo. Eu poderia me levantar e andar, e então, quando me sentasse de novo, estaria lá novamente. Era como se as cortinas em minha mente tivessem se separado e algo mais fundamental estivesse brilhando. Foi tremendamente reconfortante. Muitas de minhas dúvidas sobre mim mesmo — inadequadas, indignas ou insuficientes — pareciam, como consequência, supérfluas. Eu sabia, lá dentro de mim, que eram histórias que eu repetia para mim mesmo, mas que não necessariamente correspondiam à verdade. O amor que emanava de mim parecia infinitamente mais real.

Embora tenha durado horas, essa experiência não foi eterna. Foi uma das coisas mais dramáticas que me aconteceram enquanto meditava e, na verdade, passei um bom tempo tentando revivê-la. Mas seu impacto é tão forte hoje quanto da primeira vez. Sei que por trás das preocupações do cotidiano há algo mais fundamental. Ainda que eu venha mudando ao longo dos anos e a mudança (como aprendemos na Visão Correta) seja a natureza das coisas, esse sentimento subjacente, quase invisível, está lá, em segundo plano. A concentração o revelou para mim, e vez ou outra lhe permite ressurgir. Às vezes, com minha família, com meus pacientes, quando escuto música ou ando pelo campo, ele fica à espreita.

CONSELHO NÃO SE DÁ

Um par de anos após essa experiência decisiva, quando eu estava na faculdade de Medicina e fazendo um dos primeiros turnos mensais de Psiquiatria, fui assistido individualmente pelo estimado psiquiatra Dr. John Nemiah, de Harvard, que estava me ensinando sobre uma síndrome rara então chamada de "histeria de conversão". Os pacientes acometidos por essa neurose apresentam sintomas físicos, muitas vezes neurológicos, como paralisia ou convulsão, para os quais nenhuma causa orgânica pode ser encontrada. Em muitos desses casos, prossegue a teoria, o problema real é algum tipo de ansiedade, mas a ansiedade é "convertida" em sintomas físicos, porque é demasiado avassaladora para ser experimentada em sua forma psicológica crua. O diagnóstico raramente é usado hoje, sendo substituído em muitos casos pelo termo "transtorno dissociativo", e alguns clínicos acreditam agora que os sintomas podem ser rastreados até episódios de abuso sexual. Mas a teoria subjacente sobre isso permanece essencialmente inalterada. Sentimentos esmagadores são de alguma forma deslocados em direção ao corpo ou para dentro dele. Surgem sintomas físicos que não têm causa direta e óbvia. O estresse pós-traumático pode ser pensado como uma versão contemporânea disso. Os eventos traumáticos, nunca totalmente reconhecidos, voltam a assombrar as pessoas na forma de sintomas aparentemente inexplicáveis que surgem repentinamente. O Dr. Nemiah me mostrou alguns filmes de pacientes da década de 1950 com sintomas de conversão e depois me questionou a respeito. Ele estava tentando me ensinar não apenas sobre essa síndrome em particular, mas sobre o conceito de inconsciente. Se os sintomas de um paciente são expressões de ansiedade subjacente, ele queria saber como se "convertem" em forma física. Como isso acontece?

CONCENTRAÇÃO CORRETA

"O que é o inconsciente?", perguntou o Dr. Nemiah. Naquela época, essa era uma questão central para um jovem psiquiatra, e senti que minha avaliação dependia da resposta.

Lembrei-me imediatamente do retiro, das cortinas se abrindo e da luz brilhando, de meu entendimento de que o estreito mundo das minhas preocupações do dia a dia não precisava me definir. No mundo do Dr. Nemiah, o inconsciente era pensado principalmente como o lugar escuro e à espreita do qual os sonhos emergem, porém, por maior que fosse o respeito que tinha por esse ponto de vista, não era assim que eu pensava na época.

"O inconsciente é o repositório do mistério", respondi.

Recordo-me do quanto o Dr. Nemiah gostou da resposta, apesar de não saber o que eu estava realmente pensando. A despeito da admiração que tinha por ele em razão de sua perspicácia clínica, eu não estava disposto a revelar minhas inclinações budistas. O budismo, naquela época da minha vida, não era algo sobre o qual eu comentasse com meus superiores, especialmente aqueles que me avaliavam. Mas minha resposta funcionou tão bem em seu mundo quanto no meu. O mistério abrange tanto a escuridão quanto a luz.

Como psiquiatra experiente e erudito, o Dr. Nemiah estava tentando me dar uma noção de quão pouco nós, como supostos especialistas, entendemos os recessos da mente. O inconsciente *é* um mistério e permanece assim até hoje. Ao trazer o budismo para um público ocidental, estou em uma situação semelhante. Por mais que eu possa conversar com meus amigos e pacientes sobre como a concentração abre portas para áreas inesperadas da psique, nada supera experimentá-la por si mesmo. A concentração é um canal a algo para cuja definição não temos palavras exatas. O inconsciente? Mistério? A imaginação? Amor e luz? É tentador transformar seja lá o que for em algo mais concreto do que podemos realmente apreender.

A Concentração Correta posiciona-se de modo contrário. Acho que é por isso que é o último passo, e não o primeiro. A Concentração Correta não quer que nos apeguemos a ela. Não quer que a vejamos como um objeto de adoração. Use-a para se libertar, mas não a transforme em outra coisa. Permita-lhe permanecer imprevisível.

Meus professores budistas, ao tratar dessa questão, riem-se de uma história que repetem com frequência. Um homem que completou com sucesso um retiro silencioso de três meses veio correndo pela rua imediatamente depois, gritando: "Não deu certo. Não deu certo." Sob o efeito encantador da concentração desenvolvida, e envolto no silêncio do retiro, esse homem havia descoberto uma profunda sensação de paz interior. Equivocadamente assumindo que essa conquista era permanente e que sua mente havia sido transformada (e tendo trabalhado nisso convicto de que a absorção era o objetivo almejado), estava naturalmente angustiado ao descobrir que esse estado dourado evaporava assim que as condições mudavam. Ele pensou que sua mente ficaria quieta para sempre e assumiu estar finalmente livre de suas tendências neuróticas. Mas suas suposições eram infundadas, e seu apego a um determinado estado de espírito foi revelado.

Em certo sentido, perceber seu erro foi o verdadeiro objetivo do retiro desse homem. O desejo de conquistar a impermanência unindo o "eu" com um "outro" idealizado e imutável é muito compreensível. Esse anseio se manifesta tanto no amor quanto na religião e é um tema recorrente e objeto de advertência na psicologia budista. Meditações de concentração levadas ao extremo tendem a afastar as pessoas, algo semelhante ao que acontece quando se está enlevado

CONCENTRAÇÃO CORRETA

ouvindo uma música ou transportado durante o sexo. A mente fica focalizada, as sensações físicas aumentam e os sentimentos de serenidade se fortalecem. Com uma prática diligente e direcionada a um objeto único, esses sentimentos de absorção podem ser estendidos por períodos prolongados, dando às pessoas a impressão de que seus problemas se foram para sempre. Em sua própria versão de conselho não dado, Buda teve o cuidado de não levar seus seguidores longe demais nessa direção. O apego toma muitas formas, e o desejo de paz interior pode às vezes ser tão neurótico quanto outros vícios mais óbvios. O desejo de se perder, por mais bem-intencionado que seja, dissimula uma mentalidade dominada pelo autojulgamento e pela autodepreciação. Com frequência, é apenas um outro jeito de tentar encontrar um lugar seguro para se esconder, substituindo um eu perturbado por algo perfeito e inatacável. A Concentração Correta orienta-se em uma direção diferente. Oferece tranquilidade, não apenas como descanso, mas como uma maneira de entreter a incerteza. Em um mundo no qual a impermanência e a mudança são fatos básicos da vida, a disposição de ser surpreendido nos dá uma grande vantagem.

Tentei transmitir isso a meus pacientes, não prometendo muito quanto à meditação. Basta dizer que sei que há experiências tranquilizadoras acessíveis às pessoas e que a concentração é um caminho para o despertar delas. No entanto, não se sabe como isso se manifestará para um indivíduo em particular.

Dan Harris, âncora e jornalista da ABC News, que se tornou meu amigo, é um bom exemplo disso. Dan se aproximou de mim depois de um incidente infeliz no qual, enquanto lia as notícias no *Good Morning America*, repentina e inexplicavelmente foi acometido por uma série de tiques nervosos entrecortando sua fala. Até um determinado momento, estava apresentando as notícias com o habitual desembaraço, e no instante seguinte tagarelava incoerentemente, ficando cada vez mais confuso. Dan entendeu ter sofrido um ataque de pânico na frente de milhões de pessoas na TV ao vivo, mas no momento ele não tinha ideia de qual era o problema. À sua maneira, ele exibia sintomas intrigantes de "conversão", como os que o Dr. Nemiah havia me ensinado. Algum tipo de ansiedade não processada estava ressurgindo na forma de sintomas físicos desconcertantes, envergonhando-o em âmbito nacional.

Dan procurou ajuda profissional, e meses após o acontecido, atendendo à sugestão de sua esposa, que certa vez lera um de meus livros, ele veio a mim interessadíssimo na meditação. Ele me ligou, disse que era um repórter e perguntou se podíamos nos encontrar. Concordei, fizemos uma série de refeições juntos no ano seguinte, durante as quais ele fez boas perguntas que me fizeram pensar, e nos tornamos amigos. Eu sentia, apesar de suas hesitações, que ele se beneficiaria muito com a meditação e que ela poderia ser útil para que ele lidasse com sua ansiedade. O ataque de pânico o fez perceber que ele realmente não se conhecia muito bem. Insisti com ele, após uma série de conversas, que fizesse um retiro para ver o que poderia acontecer, pensando que isso poderia lhe dar outra opção para investigar o inconsciente.

Dan teve uma experiência de Concentração Correta em seu primeiro retiro. Depois de cinco dias de dificuldades intermitentes, com ele frequentemente relutando em aceitar meu conselho, Dan pegou uma cadeira em seu pequeno quarto e sentou-se na sacada no final do corredor contíguo. O retiro foi no norte da Califórnia, e imagino que o dia deveria estar lindo. Sentar-se do lado de fora, acredito, era um pouco mais fácil para Dan do que na sala de meditação. Ele estava um pouco mais relaxado e não tão crítico quanto costumava ser sobre o lugar, a prática, as outras pessoas e a linguagem vagamente da Nova Era que estava sendo empregada pelos instrutores. Por alguma razão, a concentração de Dan entrou em ação enquanto ele estava sentado na varanda. Ele não viu a luz nem se encheu de amor, como eu, mas sentiu uma espécie de clique, como se estivesse finalmente sintonizado na frequência certa. Dan teve o mesmo tipo de experiência sem esforço que eu em meu primeiro retiro, no qual fui capaz de permanecer focado e à vontade. "Não estou tentando, está apenas acontecendo", ele escreveu mais tarde. "É tão fácil que parece que estou trapaceando. Tudo está vindo para mim, e estou tocando tudo como jazz. E eu nem gosto de jazz."

Dan falou comigo sobre tudo isso quando retornou. Ele ficou muito comovido com o que aconteceu em seguida. Sentado ali, em concentração na varanda, atento à sua respiração, ele de repente ouviu um barulho alto se aproximando. Aquilo começou a aumentar de intensidade, o que ele comparou mais tarde "a uma frota de helicópteros vindo do horizonte naquela cena famosa de *Apocalypse Now*". Ele estava fortemente focado e permaneceu imóvel enquanto o estrondo se intensificava. Quando finalmente abriu os olhos, o rugido o envolvendo, um beija-flor pairava bem na frente de seu rosto.

No livro de Dan, esse momento com o beija-flor é incidental. Ele teve outras experiências poderosas em seu retiro, as quais descreveu em *10% Happier* — relatos mais próximos a descrições tradicionais do que aquilo que acontece sob o abandono da concentração —, mas para mim seu encontro com o beija-flor, como bom exemplo do que a concentração é capaz de entregar, é especial. Não acho que a mente de Dan tenha alguma vez permanecido tão quieta assim.

CONSELHO NÃO SE DÁ

Essa quietude permitiu que ele baixasse a guarda e deixasse de lado os filtros mentais, se abrisse e relaxasse de uma maneira que não tenho certeza se já ocorreu antes. Com isso, ele usufruiu de uma liberdade momentânea que se contrapunha à sua postura crônica de enfrentamento caracterizada por uma tensão defensiva e cautelosa, apimentada pelo sarcasmo, que contribuíra para seu ataque de pânico no ar. E o beija-flor era como uma confirmação de sua abertura. Era como se o mundo externo reconhecesse sua sintonia e o tocasse com um pouco de sua graça.

Essa é uma das grandes virtudes da Concentração Correta. Achamos que conhecemos as coisas muito bem, mas bastam alguns dias observando nossa respiração para nos mostrar o que não sabemos. Eu nunca poderia ter previsto que um beija-flor teria sido o veículo para o importante avanço de Dan; ele teve que se colocar em retiro para o mistério se desdobrar. Eu sabia que se ele conseguisse fazê-lo, algo interessante acabaria acontecendo que o pegaria de surpresa. A Concentração Correta me deu essa confiança.

Em minha atividade como psiquiatra, tenho visto os frutos da concentração assumirem muitas formas, poucas as quais poderia antecipar. Um exemplo interessante vem de um paciente deprimido que foi levado à meditação, mas não se sentiu capaz de fazê-la sozinho. Violoncelista talentoso, a dificuldade de Eric não era falta de disciplina. Quando precisou aprender as partituras para uma performance, profissional que era, aplicou-se como tal. Ele nunca chegou a articular qual era o problema dele com a meditação, mas de alguma forma eu achava que entendia. Eric não se sentia seguro consigo mesmo. Receava desmoronar. Ele participou de várias palestras públicas e oficinas e descobriu que ia bem na meditação quando a fazia em grupo. Embora ele gostasse e achasse que poderia ajudá-lo, não fazia isso sozinho. Até tentou algumas vezes, mas nunca deu, de fato, uma chance para que acontecesse. Bastava sua mente começar a divagar depois dos primeiros cinco minutos e ele desistia.

Mantive essa informação em suspenso e continuei com o tratamento de Eric. Sua depressão melhorou e ele começou a ver amigos, ler e trabalhar novamente. Mas ainda havia momentos em que seus sentimentos transbordavam, ocasiões em que durante longos períodos de tempo ele se sentia vazio, frio, desmotivado e desconfortável. Um dia, tivemos uma sessão em que me disse que não tinha apetite, que o simples pensamento de cozinhar ou comprar comida o deixava desgostoso. A visão de um pedaço de frango ou de um peixe cru deixava seu estômago revirado. Tinha aberto a geladeira e jogado fora tudo que estava lá: as cebolas, o aipo e as cenouras que ele guardava para fazer uma canja de galinha. Não tinha fome. Café preto, cigarros e uísque eram suficientes para ele.

Fiquei preocupado. Eu sempre conversava com Eric sobre comida, perguntava o que estava comendo e aonde ia jantar com seus amigos. Divorciado, morava sozinho e trabalhava muito. Se ninguém estivesse preparando o jantar para ele, era improvável que pensasse de antemão o que poderia comer. Normalmente, se eu falasse o bastante sobre isso, poderia fazer com que ele se entusiasmasse um pouco. Ele tinha a sensibilidade de um artista, e a maioria dos artistas sabe apreciar comida, gosta de cozinhar e se dá bem nisso. Ele não era uma exceção. Se eu colocasse a mesa, ele acabaria se juntando a mim para a refeição. Mas nesse dia não consegui realmente mexer com ele. No auge de sua depressão, ele comparou o que sentia a se

CONSELHO NÃO SE DÁ

arrastar ao redor de um cachorro morto. Essa foi a percepção daquela sessão. Havia lá um corpo estendido no chão.

Perguntei a Eric se ele gostaria de meditar comigo.

"Claro", ele respondeu.

Eric sabia que eu não costumava misturar meditação com terapia e me agradeceu pela oportunidade. Pedi a ele que focalizasse a respiração na ponta do nariz e dissesse "para dentro" quando inspirasse, notasse a expiração quando exalasse e dissesse "para fora", e sentisse a sensação de seus dois lábios se tocando repetindo a frase "tocando, tocando" naquela pausa após a expiração e antes da próxima inspiração. E pedi que voltasse sua atenção para as sensações físicas brutas da respiração sempre que sua mente divagasse, ou melhor, sempre que ele notasse sua mente divagando. Fizemos isso juntos por cerca de dez minutos, de olhos fechados, e quando paramos ele tinha um sorriso no rosto.

"Estou com um pouco de fome", disse ele. "Um pouquinho."

Claro, havia a possibilidade de Eric estar apenas respondendo à sugestão. Ele sabia que eu estava preocupado com sua falta de apetite. Os pacientes muitas vezes querem agradar seus terapeutas — há uma frase para isso em terapia: "fugir para a saúde". Mas tive a sensação de que o sentimento dele era real.

No dia seguinte, Eric fez isso em casa. Acho que a clareza e a simplicidade de minhas instruções e a prática bem-sucedida em meu consultório fizeram com que parecesse possível. Eric entendeu que ele poderia roçar de leve seus sentimentos deprimidos e se refugiar na respiração. Ele descreveu sua experiência para mim em detalhes em nossa sessão seguinte.

CONCENTRAÇÃO CORRETA

No começo, Eric disse, ele começou a chorar. Sentou-se em sua cadeira e começou a chorar. Não parou e não entendeu por que estava chorando. Apenas aconteceu. Dolorosamente. Mas ele trabalhou com a respiração o melhor que pôde e manteve sua determinação. Por fim, o choro amainou. Em sua mente, Eric viu sua tristeza congelar em um denso disco ou bola preta. A bola tinha uma leve aura de luz ao redor, mas o sentimento geral era sombrio: uma mistura de autoaversão e repugnância, tinha o sabor da sessão no dia anterior, quando o pensamento de comer o deixou doente, quando ele estava se arrastando ao redor do animal morto. Quando fixou sua atenção na respiração, o disco preto começou a se romper. Dispersou-se em muitos pedacinhos e pareceu desaparecer. Ficou assim por um tempo, com uma sensação de alívio, mas então, quando estava saindo da meditação, viu a coisa toda voltar novamente em uma série de sacudidelas magnéticas.

"Mais devagar", pensou Eric enquanto observava sua dor se restabelecer.

Foi quando teve um lampejo. Ele pensou em duas peças que havia concordado em tocar. Peças significativas, nas quais ele estava sendo convidado a tocar músicas novas com outros artistas dedicados e talentosos.

"Que sorte eu tenho de poder fazer uma coisa dessas", ele pensou consigo mesmo, e sentiu um reavivar temporário de seu humor.

Ao me contar tudo isso na sessão seguinte, teve mais uma ideia.

"O disco preto", ele disse, "é desejo. É o que tenho feito com ele. Sem remédio".

Eric entrou em seus primeiros 50 anos de idade sem um relacionamento íntimo. Em algum lugar, após o divórcio, Eric decidira eliminar o desejo. Se ele não encontraria ninguém com quem ficar, não havia motivo algum para tê-lo. Isso o protegia de mais desapontamentos, mas também o estava insensibilizando. Falamos de como seu entusiasmo por seu trabalho continha as sementes de seu desejo, de como a meditação mostrara espontaneamente que era esse o caso. Isso foi importante, porque era um pensamento novo. Sentir o desejo ainda operando através de seu trabalho — de maneira mais produtiva, não menos — era bom. Seu desejo era bom. Havia um traço ali de algo que ele precisava. Um aspecto negligenciado do eu foi agora restabelecido em sua mente.

Para Eric, a Concentração Correta não eliminou sua depressão (pois precisávamos de antidepressivos); ajudou-o a ficar sob ela. O leque emocional de Eric foi reduzido e comprimido pela aversão que ele tinha em relação a seus sentimentos. Primeiro o desejo e depois a depressão o fizeram se fechar. Havia um elemento de dissociação na depressão de Eric, assim como havia nos ataques de pânico de Dan Harris e nos pacientes do Dr. Nemiah com histeria de conversão. A natureza insuportável de seu desejo insatisfeito fez com que ele se desconectasse, criando novos sintomas. Porém, quando Eric começou a mudar seu foco para um objeto neutro, as coisas se abriram. A concentração permitiu-lhe ver que o disco negro da depressão não era apenas depressão. Havia uma luz nela que ele nunca tinha reparado. Se eu tivesse sugerido isso a Eric antes, ele poderia ter rejeitado a ideia imediatamente. Mas quando ele mesmo descobriu simplesmente observando a respiração, foi algo tão surpreendente quanto o beija-flor tinha sido para Dan Harris.

Em minha própria experiência, essa tendência da Concentração Correta de promover um senso de conexão é algo que sempre valorizei. Lembrei-me disso em um retiro recente, onde tive a sorte de ter

CONCENTRAÇÃO CORRETA

um professor experiente, um suíço que já havia sido um monge na tradição Thai Forest Tradition (uma linhagem budista). Encontrei-me com ele por dez minutos depois de dois ou três dias de meditação e lhe confessei que estava me esforçando na tentativa de encontrar a respiração. Foi sutil, mas eu conhecia essa tendência e nem sempre conseguia ajudar a mim mesmo. Estava tentando um pouco além da conta. A cada novo processo de respiração, eu me afastava muito da minha experiência, puxando a respiração e forçando a expiração em um esforço para capturá-las completamente. Eu não estava praticando com o Esforço Correto — algum tipo de insegurança estava me fazendo sofrer e, ao fazê-lo, eu passava do ponto.

O instrutor escutou pacientemente meu relato e depois deu a mais simples das respostas.

"Não *a* persiga. Deixe que *ela* o encontre", disse ele com um leve sorriso.

Fiquei surpreso com a maneira como ele falou. Ele tinha um sotaque alemão, e me perguntei se talvez o tivesse ouvido errado ou se o inglês dele não estava certo. Mas ao mesmo tempo, eu sabia que aquilo não era à toa. Ele colocou um pronome pessoal feminino propositadamente em seu comentário.[1] O sentimento concentrado que eu estava lembrando e tentando refazer era definitivamente feminino; exigia submeter-se, e não contrário. Não sei se isso se deve simplesmente a eu ser um homem e as sensações evocadas pela atenção unidirecional para a respiração serem tão "outras" que eu não posso deixar de erotizá-las. Mas existe uma relação entre o espiritual e o erótico que a Concentração Correta ajuda a trazer à tona. Quando a respiração entra em foco, há um ajuste que traz um

---

[1] Em inglês, o gramaticalmente correto seria usar o pronome neutro "it" na resposta do monge suíço.

CONSELHO NÃO SE DÁ

acompanhamento de alívio. Os textos tradicionais comparam-no a um cristal curativo ou a um bálsamo medicinal, ao passo que os trabalhos esotéricos secretos são mais explícitos sobre a natureza erótica do que pode acontecer. Os neurocientistas falam sobre os receptores de opiáceos endógenos do cérebro sendo inundados. Qualquer que fosse a explicação, eu sabia que esse professor me entendia. E não pude deixar de ver, enquanto conversava com ele, que meus esforços depois da respiração também tinham seus correlatos em minha vida erótica.

Segui o conselho do professor suíço nos dois dias seguintes.

"Não a persiga, deixe que ela te encontre."

Depois disso, passei a agir com mais serenidade. Uma tarde, vários dias depois, eu estava na sala de jantar tomando chá. Começara a sentir tédio com a comida (todos os dias as mesmas coisas eram oferecidas às cinco horas em vez de um jantar: bolachas de arroz, pasta de gergelim, manteiga de amendoim, passas, sementes de girassol e uma grande tigela de frutas frescas), e passei a me perguntar o que aconteceria se eu colocasse as bolachas de arroz na torradeira. Lembrei-me de um velho jingle de uma marca de bolachas de arroz que brincava com as possibilidades: elas vão estalar, tostar ou estourar? Uma das distrações mais comuns em um retiro como aquele são comerciais antigos ou trechos de músicas que surgem do passado como pedaços pulverizados de asteroides no filme *Gravidade*. Recordar isso em minha infância me deu uma sensação nostálgica bastante agradável.

Divertido com a lembrança, de repente senti algo estranho, algo peculiar, suave, levemente frio e acetinado, de toque delicado, pairando fora de alcance. Que era aquilo? Por um momento tive aquela sensação que se tem quando, no meio de um cochilo, a gente é acordado pelo tocar do telefone e não se sabe bem onde está ou o que nos acordou. Então eu soube. Foi a respiração. Ela me encontrou. Por si própria. Tal como o ex-monge suíço dissera que aconteceria. Era clara, suave e intensamente prazerosa. Rapidamente me libertei da fantasia da torradeira e me acomodei na doçura da respiração. Já não era difícil me concentrar, e relaxei em meu lugar no refeitório, apenas um pouco surpreso com a forte sensação que logo em seguida me ocupou por inteiro. Gratidão. Foi um sentimento de gratidão.

Existem diferentes maneiras de interpretar as descobertas da meditação e de dar importância a elas. Para algumas pessoas, a sensação de paz pode ser o que estão buscando, e isso basta. Mas para mim, a experiência no refeitório trouxe outra mensagem. Meu *modus operandi* usual é esforçar-me. Meu pai uma vez me disse que, depois que meus primeiros livros foram publicados, alguém quis saber como eu era quando jovem. Acho que as pessoas tinham uma imagem falsa de mim, algo como algum tipo de prodígio de consciência relaxada.

"Bem", disse meu pai, tentando se lembrar de mim quando criança, procurando por algo concreto que pudesse dizer, "ele sempre fazia a lição de casa".

Isso me definiu tanto quanto qualquer outra coisa poderia fazê-lo, e se eu tivesse que resumir a mim mesmo, poderia dar uma resposta muito parecida com essa. Eu me identifico com a questão do esforço e aquilo que o acompanha: preocupações, responsabilidades e tensões. O retiro me mostrou que por mais útil que isso fosse na prática da meditação, identificar-me em demasia com esse aspecto de mim obscurecia outras qualidades, mais misteriosas e até eróticas, que não sabia que existiam. Sair de meu próprio caminho, deixando-as me encontrar, me abriu de uma maneira que eu não poderia fazer acontecer deliberadamente. O paradoxo, claro, era que esse não fazer era meu também.

O que resta quando não estamos mais identificados com a personalidade que conhecemos? Isso é algo que a tradição zen — na verdade, todas as tradições budistas — está constantemente buscando transmitir. Para mim, naquele retiro, a revelação foi a de que eu não precisava ser quem pensava que era. E quando não era essa pessoa, não desapareci. Algo me preencheu. Fui preenchido por alguma coisa. Um potencial inconsciente tornou-se consciente.

No Japão há uma tradição de professores zen escrevendo um poema no momento da morte, revelando a essência de seu entendimento. Um de meus favoritos é de Kozan Ichikyo, escrito em 1360, quando ele tinha 77 anos de idade.

> *De mãos vazias entrei no mundo*
> *De pés descalços eu o deixo.*
> *Minha vinda, meu ir*
> *Dois acontecimentos simples*
> *Que se emaranharam.*

Esse sentimento de mãos vazias e descalço foi o que se acercou de mim no retiro. A Concentração Correta foi o veículo de que se valeu. Mais do que o relaxamento que trazia, esse sentimento no refeitório indicava quem eu poderia ser se não fosse quem pensava ser. Com a lição de casa fora do caminho, eu estava livre para me alongar em seu mistério.

EPÍLOGO

Suzuki Roshi, fundador do San Francisco Zen Center e um dos primeiros embaixadores do budismo nos Estados Unidos, tinha uma maneira muito útil de descrever o alívio que sobrevém de superar você mesmo. Ele usou a expressão "ondas da mente" para descrever a agitação do ego ao lutar com a vida cotidiana. Ondas, ele insistia sempre, fazem parte do oceano. Se você quiser acalmar o oceano eliminando as ondas, nunca terá sucesso. Mas se aprender a vê-las como parte do todo, não se incomodando com as flutuações intermináveis do ego, seu senso de si mesmo como desconectado, separado, inferior ou indigno mudará. Essa é uma maneira muito particular de lidar com a percepção humana de inadequação pessoal, que é notavelmente diferente da abordagem psicoterapêutica ocidental, que busca descobrir padrões emocionais neuróticos e pôr a nu a experiência da primeira infância. No sistema budista, a mudança vem de aprender a alterar o ponto de vista de uma pessoa. A preocupação consigo próprio, depois de bastante prática, dá lugar a algo mais aberto. A prioridade instintiva que o ego dá a si mesmo é corroída por um sentido do infinito.

O argumento de Suzuki é o de que, saibamos ou não, já estamos preparados para enfrentar seja lá o que for que nos suceda. Os desafios da vida são o que são, mas há espaço para fé, confiança e otimismo. A abordagem ocidental, buscando fortalecer o ego, concentra-se exclusivamente na onda. Suzuki estava sempre favorecendo o oceano. O budismo frequentemente aconselha a prática da meditação como o principal veículo para despertar essa mudança de perspectiva, mas em algum momento fica evidente o significado da palavra "prática". A meditação não é um fim em si mesma. Não é uma solução rápida. É prática para a vida.

Transcorridos mais de 40 anos, posso dizer com certeza que não estou curado nem iluminado. Há ocasiões em que as pessoas continuam a reclamar da minha indiferença, desinteresse e irritabilidade. Ainda tenho que lidar com os vários tipos de sofrimento que me atormentam, com minhas próprias tensões e ansiedades, com minha própria necessidade de estar certo e ser amado, questões que estão em mim desde que me lembro. E agora, em meus 60 anos, há coisas para enfrentar que nunca havia experimentado. Tenho, contudo, algo que não tinha antes. Não se trata exatamente de paz interior. Nem sou, na verdade, mais feliz do que fui. A felicidade, para mim, tal como um termostato, parece ter um ponto na escala em torno do qual pairamos, não importa o que façamos. Mas agora, graças ao budismo e à psicoterapia, tenho os meios para enfrentar qualquer situação em que a vida me coloque.

EPÍLOGO

Embora, em linhas gerais, eu seja o mesmo que sempre fui — minha personalidade continua igual —, já não sou prisioneiro do meu ego. Quando os aspectos mais difíceis de meu caráter se manifestam, sei que há algo que posso fazer para não estar à mercê deles. Embora meus "eus" dos 3 anos, 7 anos ou 12 anos de idade possam não ter desistido de seus fantasmas, não preciso ser sua vítima indefesa. Anos de envolvimento com a Psiquiatria e o budismo me mostraram onde tenho controle sobre minha própria mente e onde não tenho. E para ter esperança não preciso estar curado. É esse otimismo que mais quero tornar possível para meus pacientes.

O budismo dá ênfase à questão de se libertar das restrições desnecessárias do ego. Cada aspecto do Caminho Óctuplo é um contrapeso à preocupação egoísta. A prescrição budista não é realizada se ignorando as necessidades ou demandas do ego, mas concentrando-se nelas, reconhecendo e aceitando-as enquanto se aprende a mantê-las com um toque mais leve, mais questionador e mais indulgente.

Ao trazer o budismo mais diretamente ao meu trabalho clínico, esse é o aspecto que considero mais útil. Por experiência própria, sei que até mesmo o material mais perturbador perde sua força quando observado com sucesso, sem apego ou aversão. Quanto mais se puder estar presente com todo nosso leque de pensamentos e sentimentos, menos teremos de ser expulsos da sala por eles. Ao fortalecer a capacidade da mente de observar imparcialmente, Buda encontrou um recurso mental oculto que também é utilizado por um tratamento psicoterápico bem-sucedido. Ao trabalhar com base nesse entendimento, sei que, estimulando meus pacientes a serem verdadeiros consigo mesmos, também posso ajudá-los a serem livres.

Procuro transmitir a meus pacientes que eles podem enfrentar os desafios impostos pela vida mudando a forma como se relacionam com eles. Esse é um conselho que agora me sinto livre para oferecer. O objetivo é enfrentar os desafios com calma e compostura, e não com o intuito de fazê-los desaparecer. Quando Suzuki Roshi disse não se incomodar com as flutuações das ondas, quis dizer isso. E uma coisa podemos dizer com certeza: a vida nos dá infinitas oportunidades de praticar. Nós, sobretudo, falhamos. Quem é capaz de afirmar que não se incomoda com nada? Porém, quando nos esforçamos, os resultados podem ser surpreendentes. Em um mundo inseguro, podemos nos tornar nosso próprio refúgio. Nosso ego não precisa ter a última palavra.

Agradecimentos

A Ann Godoff, por seus conselhos espontâneos, encorajamento alegre, apoio, ideias claras e boa vontade em me orientar na redação deste trabalho. A meus pacientes, que se dispuseram a ir a meu consultório semana após semana e me confiaram a complexidade de suas vidas interiores. A amigos e pacientes, que generosamente revisaram e aprovaram o material dos casos aqui relatados. A Robert Thurman e Sharon Salzberg, por me inspirarem quando ensinamos juntos. A Anne Edelstein, minha agente literária, por levar este livro ao editor certo. A Sherrie Epstein, minha mãe, por me permitir narrar nossas sempre animadas conversas semanais. Aos fundadores, professores e funcionários do Forest Refuge, em Barre, Massachusetts, por oferecerem um espaço para os retiros silenciosos descritos neste livro. A Dan Harris, por me fazer pensar, e a Andrew Fierberg, por escutar. A Casey Denis, por suas anotações extremamente valiosas. A Sonia e Will, por seu humor, energia, entusiasmo e amor. A Sheila Mangyal, por cuidar de todos nós. E a Arlene, que torna tudo possível e preenche nossa vida com um senso de possibilidades cada vez maior. Amo você.

Notas

Introdução

6 "**carrega em sua estrutura corpórea o selo indelével de sua origem modesta**": Charles Darwin, *The Descent of Man* (1871), capítulo 21.

7 "**Grande e Perfeita Sabedoria do Espelho**": Para mais a respeito, veja Yamada Mumon Roshi, *Lectures on the Ten Oxherding Pictures*, trad. Victor Sōgen Hori (Honolulu: University of Hawaii Press, 2004), p. 5.

7 "**Mara continuou a ser uma força**": Stephen Batchelor, *Living with the Devil* (Nova York: Riverhead, 2004), pp. 16-28.

8 "**Depois do êxtase**": Jack Kornfield, *After the Ecstasy, the Laundry* (Nova York: Bantam, 2001).

8 "**Um monge chinês avançado em anos**": Jack Kornfield, *A Path with Heart* (Nova York: Bantam, 1993), p. 154.

18 "**o Caminho Óctuplo está lá para ser cultivado**": Stephen Batchelor, *After Buddhism* (New Haven, CT: Yale University Press, 2015), p. 83.

EPÍLOGO

Capítulo Um: Visão Correta

32 **"Não deixe que isso pareça ser maior do que é"**: Todas as citações não atribuídas de Arlene Shechet são de sua correspondência com Jenelle Porter, 22 de dezembro de 2014, como subsídio para *Arlene Shechet: All at Once, de* Jenelle Porter (Munique/Londres/Nova York: Delmonico Books — Prestel and The Institute of Contemporary Art/ Boston, 2015), pp. 12-31.

36 **"Alguns tradutores usam "realista""**: Veja Robert A. F. Thurman, *Essential Tibetan Buddhism* (Nova York: HarperCollins, 1995).

36 **"não é uma receita para uma existência budista pia"**: Batchelor, *After Buddhism*, p. 127.

Capítulo Dois: Motivação Correta

42 **"Engler tem uma história"**: A história de Engler sobre Munindra foi transmitida para mim em correspondência pessoal. Foi reproduzido em meu *Open to Desire* (Nova York: Gotham, 2005).

43 **"O darma significa viver a vida plenamente"**: Para mais sobre Munindra, veja *Living the Life Fully: Stories and Teachings of Munindra*, Mirka Knaster (Boulder, CO: Shambhala, 2010).

46 **"Raiva oral"**: Apresentei uma versão com cortes desse episódio em *Thoughts without a Thinker* (Nova York: Basic, 1995), pp. 170–72.

54 **"Winnicott escreveu sobre como as inevitáveis falhas"**: Veja, por exemplo, Donald W. Winnicott, *Babies and Their Mothers* (Reading, MA: Addison-Wesley, 1988).

56 **"um famoso artigo de Winnicott"**: Donald W. Winnicott, Hate in the Counter Transference, *International Journal of Psychoanalysis* 30 (1949), pp. 69–74.

57 **"Por mais que ame seus pacientes"**: Ibid., p. 69.

57 **"Uma mãe tem que ser capaz"**: Ibid., p. 73.

EPÍLOGO

Capítulo Três: Fala Correta

69 "Todos contamos a nós mesmos": Sharon Salzberg, *Faith: Trusting Your Own Deepest Experience* (New York: Riverhead, 2002), p. 1.

70 "um silêncio ambiente e opaco": Ibid., p. 3.

70 "A história que eu contava a mim mesma": Ibid., p. 3.

71 "Sabe qual é seu problema": Ibid., p. 5.

72 "Apenas comparecer a seus compromissos": Ibid., p. 16.

72 "participar, se engajar" e "se vincular": Ibid., p. 16.

72 "Pois quando tudo está dito e feito": Sigmund Freud, The Dynamics of Transference (1912), em *Standard Edition of the Complete Psychological Works of Sigmund Freud*, v. 12 (Londres: Hogarth, 1958), p. 108.

73 "Você pode fazer o que quiser": Amy Schmidt, *Knee Deep in Grace: The Extraordinary Life and Teaching of Dipa Ma* (Lake Junaluska, NC: Present Perfect, 2003), p. 58.

79 "Em meio aos uivos do vento": Mason Currey, *Daily Rituals: How Artists Work* (Nova York: Knopf, 2013), pp. 90–91.

79 "conversando com minha mãe de 88 anos de idade": Essa discussão foi publicada primeiramente em meu artigo The Trauma of Being Alive, The *New York Times*, 3 de agosto de 2013.

Capítulo Quatro: Ação Correta

87 "A aceitação de não saber": Donald W. Winnicott, Mind and Its Relation to the Psyche-Soma (1949), em *Through Paediatrics to Psycho-Analysis* (Londres: Hogarth, 1975), p. 137.

89 "Aprenda o passo atrás": Heinrich Dumoulin, *Zen Buddhism: A History; Volume 2: Japan* (Nova York: Macmillan, 1990), p. 79.

94 "Huike diz a Bodhidharma": Andre Ferguson, *Zen's Chinese Heritage: The Masters and Their Teachings* (Somerville, MA: Wisdom, 2011), p. 20.

94 "A natureza vazia e consciente da mente": Joseph Goldstein, *Mindfulness: A Practical Guide to Awakening* (Boulder, CO: Sounds True, 2013), p. 314.

EPÍLOGO

97 "O flerte... como uma forma de arte social": Michael Vincent Miller, *Teaching a Paranoid to Flirt: The Poetics of Gestalt Therapy* (Gouldsboro, ME: Gestalt Journal Press, 2011), p. 116.

98 "Meu analista olhou para cima brevemente": Louise Glück, *Faithful and Virtuous Night* (Nova York: Farrar, Straus and Giroux, 2014), p. 38.

Capítulo Cinco: Modo de Vida Correto

106 "quatro tipos de felicidade": Nyanaponika Thera and Hellmuth Hecker, *Great Disciples of the Buddha: Their Lives, Their Works, Their Legacy* (Boston: Wisdom, 2003), p. 352.

109 "O Modo de Vida Correto tem a ver": Goldstein, *Mindfulness*, p. 387.

115 "um assassino chamado Angulimala": Para mais dessa história, veja meu *Going to Pieces Without Falling Apart* (Nova York: Broadway, 1998), p. 56.

Capítulo Seis: Esforço Correto

125 "Diga-me, Sona": Nyanaponika Thera, *An'guttara Nikāya: Discourses of the Buddha* (Kandy, Sri Lanka: Buddhist Publication Society, 1975), p. 155.

128 "Ele deve reter todas": Sigmund Freud, "Recommendations to Physicians Practicing Psychoanalysis" (1912), em *Standard Edition of the Complete Psychological Works of Sigmund Freud*, v. 12 (Londres: Hogarth, 1958), p. 112.

129 "Não deve ser esquecido": Ibid., p. 112.

130 "Para colocar isso em uma fórmula": Ibid., p. 115.

139 "a base do tratamento": Donald W. Winnicott, Two Notes on the Use of Silence (1963), in *Psycho-analytic Explorations* (Cambridge, MA: Harvard University Press, 1989), p. 81.

141 "Um ainda é criança, outro é inválido": Richard Gombrich, *Theravada Buddhism* (Nova York: Routledge, 1988), p. 64.

Capítulo Sete: Atenção Mental Correta

153 **"Pensar e ponderar em excesso"**: *"Dvedhāvitakka Sutta"* (capítulo 19), *The Middle Length Discourses of the Buddha: A Translation of the Majjhima Nikāya*, trad. Bhikkhu Ñānamoli and Bhikkhu Bodhi (Boston: Wisdom, 1995), p. 208.

Capítulo Oito: Concentração Correta

179 **"Dan Harris... é um bom exemplo disso"**: Veja Dan Harris, *10% Happier* (Nova York: HarperCollins, 2014).

181 **"Não estou tentando, está apenas acontecendo"**: Ibid., p. 138.

181 **"uma frota de helicópteros"**: Ibid., p. 138.

190 **"De mãos vazias entrei no mundo"**: Yoel Hoffman, *Japanese Death Poems* (Boston: Tuttle, 1986), p. 108.

Epílogo

191 **descrevendo a essência do ponto de vista budista**: Shunryū Suzuki (Suzuki Roshi), *Zen Mind, Beginner's Mind* (Boston: Shambhala, 1970, 2006).

Índice

A

abordagem básica 89

abordagem budista 93, 155

Ação Correta 8, 39, 86

agenda oculta 160–161

agente de mudança 161

análise de caráter 95

Angulimala 115–116, 120, 122

anorexia 129, 131

ansiedade 136, 176

apreensão imediata 138

ataque de pânico 96, 182

atenção analítica 128

Atenção Mental Correta 9, 53, 151, 152, 154, 156, 162, 170

atenção plena 5, 28, 69, 138, 152

autoapego 9

autoaperfeiçoamento 152

autoaversão 76–77, 185

autoconsciência 163

autoestima 2–3, 78, 174

autofágica 73

autoimagem 69, 147

autonegação 129

auto-observação 6, 153, 170

autorreflexão 3–4

B

bhikkhus 108

Buda 7, 20, 77, 105, 125, 152, 173

Buddhanature 51

budismo 3, 86, 128, 151, 158, 174, 192

budismo Theravada 55

budismo tibetano 10, 55

ÍNDICE

C

Caminho Óctuplo 8, 27, 65, 86, 106, 151, 171

Charlie Brown 71

cinco estágios do luto 82

ciúme 120

compaixão 52, 64, 75, 114, 116

compaixão estúpida 52

compreensão clara 138

compreensão conceitual 138

concentração 153, 172–174, 177–178, 181

Concentração Correta 9, 171, 178, 182, 186

confronto e esclarecimento 32

consciência observadora 5

consciência pura 6, 8

conselho 32, 51, 122, 126, 179

conteúdo emocional 63

cura 23, 71, 87, 157

D

Dalai Lama 10, 43, 110

darma 15, 42, 43

deixar ir 103, 133

Deixar para lá 121

depressão 183, 186

desejo 16, 61, 92, 94, 178–179, 185

desejo erótico 93

desordem de pensamento 16

dimensão ética 109

dinheiro 106–107, 109, 113, 121

dissociação 24, 186

E

efeito placebo 29

ego 1–2, 157, 191, 192

egocentrismo 4, 161

emoções 45, 54–55, 62, 64, 68, 73

energia 78, 98, 114, 126, 195

Engler, Jack 42

Entendimento Correto 44

equilíbrio 52, 107, 126

escolas de pensamento 9

Esforço Correto 9, 52, 125, 187

espelho 6, 60

estados "divinos" da mente

    alegria solidária 141

    benevolência 141

    compaixão 141

    tranquilidade 141

estresse pós-traumático 81, 155, 176

experiência interior 25

experiência mística 54

F

fábula 8, 11

Fala Correta 8, 39, 65, 73, 83

fase oral 46

flertar 97, 98

Freud 3–4, 6, 13, 129

From, Isadore 90

futuro 20, 23, 28, 156

G

gerenciamento de estresse 160

Goldstein, Joseph 30

ÍNDICE

Grande e Perfeita Sabedoria do Espelho 7

gratidão 189

gratificação imediata 86

gratificação sensorial 130

H

Harris, Dan 179

histeria de conversão 176, 186

I

iluminação 3, 7, 8, 12, 120

imagem do espelho 6

impermanência 20, 23, 28, 32, 160, 172, 178

impulsividade 12, 14

inconsciente 5, 103, 176

indignação 120

infinitamente descartado 54

influências subconscientes 41

instintos 4, 5, 93

intenção consciente 42

Intenção Correta 44

intimidade 47, 93, 99

inveja 62, 103, 113, 120

K

Kabat-Zinn, Jon 158

Kornfield, Jack 39, 162

Kübler-Ross, Elisabeth 82

M

mãe suficientemente boa 53

mapa da mente 13

Mara 7

materialismo 129

meditação 5, 11, 19, 35, 44, 110, 125, 153, 192

meditação da atenção plena 20

meditação de concentração 20

memória inconsciente 128

mente 21, 172

Miller, Michael Vincent 97

Modo de vida 123

Modo de Vida Correto 8, 39, 107, 109, 121

morte 82, 121, 160, 190

motivação 42, 44, 52, 64

Motivação Correta 41, 44, 52, 64

mudança 44, 53, 58, 98, 113, 179

Munindra 43, 49, 110

Museu de Arte Moderna de Nova York 110

Museu Whitney 110

N

natureza verdadeira 76

necessidade de culpar 168, 170

Nemiah, John 176

neurose 96, 176

O

obstáculos 54, 62, 64, 73

Oito Preocupações Mundanas 106

Fama e Desgraça 106

Ganho e Perda 106

Louvor e Culpa 106

Prazer e Dor 106

ÍNDICE

ondas da mente 191

orgulho 101, 120–121

P

pais suficientemente bons 130

paixões 5

passado 20, 23, 28, 56, 156

Pensamento Correto 44

pensamentos obsessivos 90, 92

perdão 134

Perls, Fritz 95

pobreza 114

poder de contenção 85

postura defensiva 25, 161

potência orgástica 95

prática 16, 22, 37, 41, 45, 111, 158, 167, 170, 179, 184, 189, 192

presente 20, 23, 156, 163

processo secundário 46

psicanálise clássica 53

psicologia budista 3, 178

psicoterapia 4, 43, 65, 73, 86–104, 157, 192

psicoterapia ocidental 3, 9, 12

psique 3, 96, 171, 174, 177

R

raiva 17, 25, 46, 50, 56, 60, 62, 82, 120

Raiva oral 46

rancores 123

reação mental 26, 167

recurso mental 193

Reich, Wilhelm 95

relacionamentos abusivos 52

Relaxamento Clínico 49

resignação 66

resistência 28, 61, 146, 160

ressentimentos 120, 123

restrição 9, 86, 165

retiros 14, 18, 29, 31, 163, 165, 169

Revelações 169

riqueza 61, 106, 110, 114, 160

Rosh Hashaná 157

Roshi, Suzuki 191

S

sabedoria 52, 121, 133, 142, 154

Salzberg, Sharon 55

sammā 35

sati 154–155

saúde mental 15, 70

senso de conexão 186

senso de identidade 2

sentimento oceânico 54

sentimentos 1, 25, 48, 54, 57, 62, 70, 100, 132, 136, 142, 151, 164, 184, 193

serenidade 179, 188

sermão do fogo 32

Siddhartha Gautama 3

sistema nervoso 173

som 7, 26, 101, 126, 164, 168

Springsteen, Bruce 133

ÍNDICE

T

técnica terapêutica 171

terapeutas centrados na pessoa 95

terapia 23, 60, 86, 142

terapia Gestalt 95

Thai Forest Tradition 187

Thiên Mu Pagoda 122

Thurman, Robert 55

trabalho 106, 193

transitoriedade 24, 33, 160

transtorno dissociativo 176

trauma 80–82, 155

V

valor 11, 56, 76, 88, 106

verdadeiro propósito 43

vinheta 38, 43

vipassana 55

Visão Correta 8–9, 19, 24, 26, 39, 44, 58, 175

voyeurismo 92

W

Winnicott, Donald 53

Z

zen 95, 120, 190

CONHEÇA OUTROS LIVROS DA ALTA BOOKS!

Negócios - Nacionais - Comunicação - Guias de Viagem - Interesse Geral - Informática - Idiomas

Todas as imagens são meramente ilustrativas.

SEJA AUTOR DA ALTA BOOKS!

Envie a sua proposta para: autoria@altabooks.com.br

Visite também nosso site e nossas redes sociais para conhecer lançamentos e futuras publicações!

www.altabooks.com.br

/altabooks ▪ /altabooks ▪ /alta_books

ALTA BOOKS
EDITORA

Este livro foi impresso nas oficinas gráficas da Editora Vozes Ltda.,
Rua Frei Luís, 100 – Petrópolis, RJ.